アルバート・H・マンセル

色彩の表記

日髙杏子訳

みすず書房

A COLOR NOTATION
Illustrated System Defining All Colors and Their Relations
by Measured Scales of Hue, Value, and Chroma

by

Albert H. Munsell

HUE
Plate I

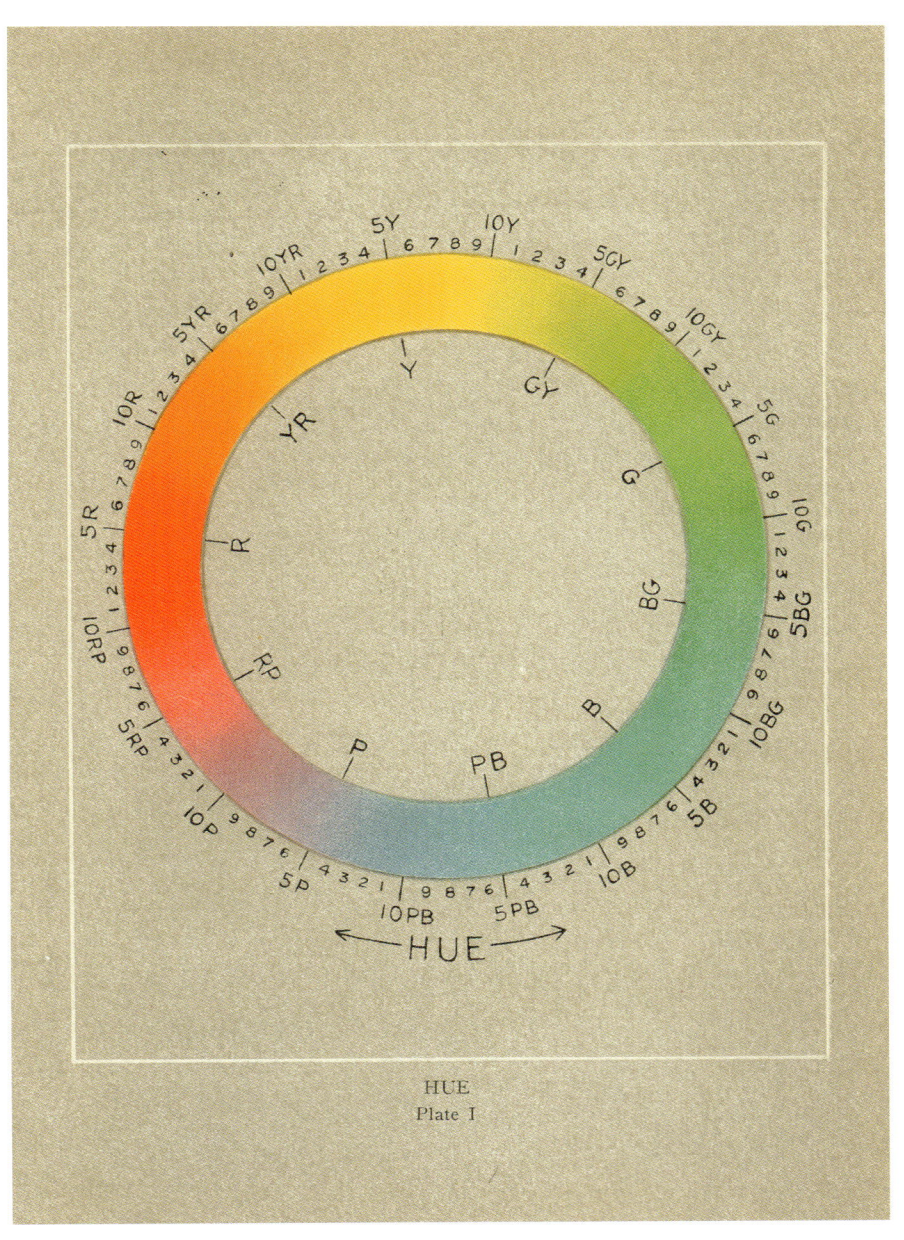

1. **色相**　リトグラフ石版画によるマンセル色相環（1936年第8版所収）

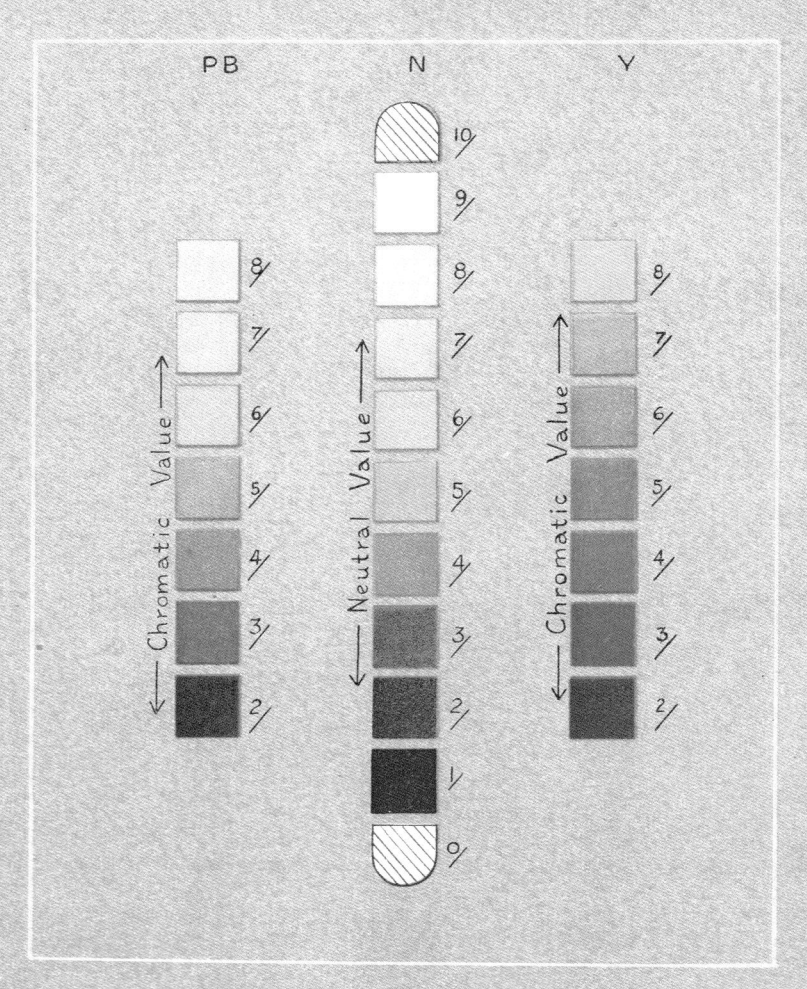

2. **明度**　無彩色スケールとPB・Yの低彩度・明度スケール（1936年第8版所収）
明度とは，ある明るい色とより暗い色とを見分けさせる属性。

3. **彩度** 五原色の等明度の彩度スケール（1936年第8版所収）
彩度とは，ある鮮やかな色とより弱い色とを見分けさせる属性。

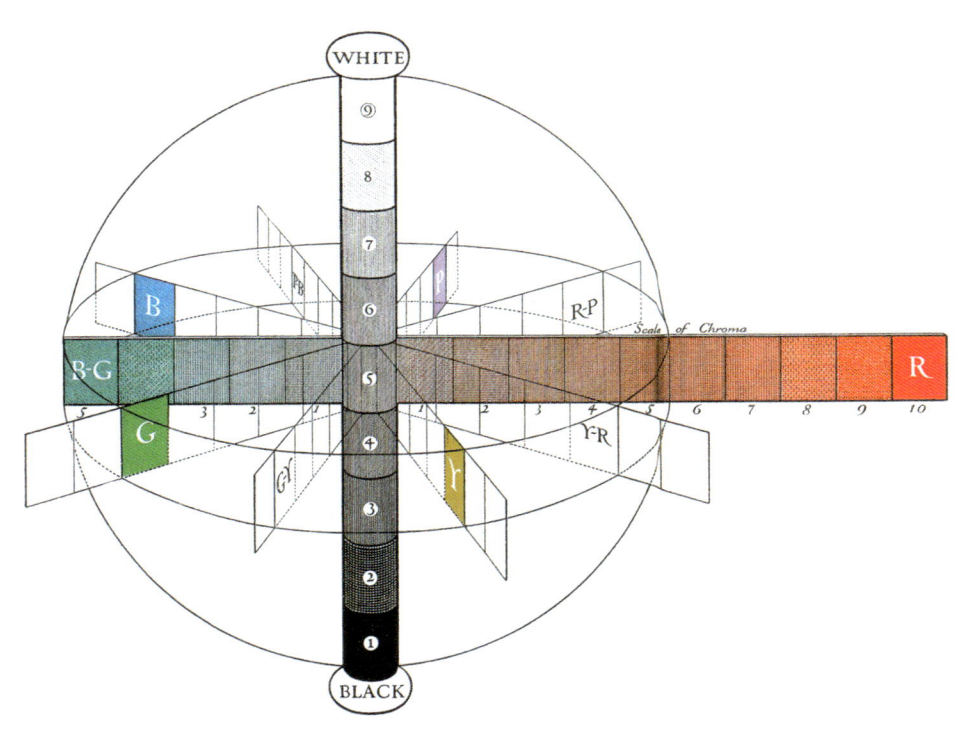

4. **三属性の相互関係を示す立体図**（1936年第8版所収）
純白色および純黒色は理論上のものであり，絵の具で実際に作れない。この図は色彩基準の正確な表現ではないが，印刷上の図として三属性をできるだけ視覚化するためのものである（本書48頁参照）。

初版の著者まえがき

　本書の真髄を講義という形で，過去十年間，ノーマル・アート・スクール，美術教師協会，それから二十世紀クラブの学生たちに幾度となく伝えてきました。去年10月には，チャールズ・R・クロス教授の勧めでマサチューセッツ工科大学の芸術協会でも発表しました。

　特に本書の校正について，ボストン美術館秘書であるベンジャミン・アイヴス・ギルマン氏，マサチューセッツ工科大学教授のハリー・E・クリフォード，ボストンのエヴェレット・スクール校長のマイロン・T・プリッチャード氏からいただいた有益なご教示に対して，ここに感謝の意を記します。

アルバート・ヘンリー・マンセル
1905年　チェスナッツヒル，マサチューセッツにて

H・E・クリフォードによる序文

マサチューセッツ工科大学　1905年2月

　ことに現在，色の名づけ方に共通する不確実さは，色の違いの基本的性質をわかっていないところに因るところが非常に大きい。物理学者にとっては，ある光の波長の数値がおおよそ表記されていれば十分だろうが，しかし普通の場合，その色が何色かを波長以外でもっと簡単にわかる方法が必要である。

　色の相関性を二つの側面・属性だけで表すやり方で，今までまともな表色系になったためしはない。このような理由だけでも，色相，明度，彩度の三属性にもとづくマンセル氏の表色系は，既存の方法をはるかにしのぐ確かな進歩である。この三属性によって，どのような特定の一色をも完全に表せて，なおかつ一般的に同じ色に分類されてしまう色と区別できるのである。

　しかしながら，ある色が持つ基本的性質を表し，なおかつ三属性を他の場所でも一致させるためには，正確でありつつも複雑すぎず，時や場合で変化せず，なおかつより単純化・精密化のできる表色系でなくてはならない。教える立場からも，徐々に理論的に改訂されていくことが必須である。マンセル氏はこのことを最も優れたかたちで達成したといえる。

　色の三属性の測定に，マンセル氏はわかりやすい科学的な方法を用いており，正確かつ一定で完全な表色系であることに反論の余地はない。本書でほんのすこし触れられているマンセル・フォトメーター[*]は，広い範囲

---

[*]〔訳注〕1905年初版には，マンセル・フォトメーター（測色器）の宣伝が載っている。

で使える高精度で高感度の測色器であり，マンセル表色系の正確さの評価の基になっている。われわれは誰もが色彩についての知識能力をもっと発達させたいと願っているが，それにはより若い時期から訓練し始めるのが望ましい。現在の改訂された表色系は，子供にも受けいれやすいシンプルさと魅力を合わせもっている。子供に，成人すれば役立つに違いない，色を見分ける力を知らず知らずにつけさせてくれる。マンセル表色系の将来性はとても大きく，この数年間発展しつづけてきた。筋の通った色名法というのみならず，科学的重要性と実用性をも兼ね備えた表色系と，読者は本書で出会うだろう。

アレクサンダー・E・O・マンセル二世による改訂版への序文

　改訂版『色彩の表記』を編纂するこの機会に，著者の人生を簡単に述べておきたい。実父アルバート・H・マンセルは，1858年マサチューセッツ州ボストンで生まれた。アウトドアスポーツ志向で，水辺の船やタグボートで時を過ごすのを好んだ。海への憧憬は，マンセルが晩年に描いた絵画に大きな影響を及ぼしていた。美術の才能と緻密な色彩感覚は若い頃から発揮され，高校卒業後，マサチューセッツ州立美術師範学校に入学した。

　学生時代からすでに色彩に傾倒していたことは見逃せない。1879年にルード教授の『近代色彩学』を読み，底辺をくっつけた二つのピラミッド形を据え，頂上を白，底辺を黒にして，ピラミッドの表面をスペクトルの色が帯状に取り囲む，その表色系の図に触発された。

　マンセルは学校の修了と同時に，海外留学の奨学金を受けた。パリではジュリアン・アカデミーに在籍し，その素晴らしい成績によりボザールの試験を受けている。留学した最初の年度末には，毎年開かれる展覧会で二位に選ばれ，マンセルの作品《エリヤの昇天》はボザールのギャラリーにいまも飾られている。高名なキャサリン・デ・メディチ奨学金の支援により，後にローマでさらに一年を過ごした。

　アメリカに戻った後は，ボストンの美術師範学校で色彩構成と美術解剖学の講師として1915年まで働いた。

　1898年夏の休暇中，マンセルは色彩構成のクラスにおいて，スケッチに使う色を明確な記号で表せるのではないか，と思いついた。その後，色を円の上に配置し，さらに球体に置き換えた。これがマンセル表色系のさ

さやかな始まりとなったのである。

　1900 年，マンセルはいろいろなカラーチャートを試作し，マックスウェルの回転混色板を配色の道具として使えるものとして完成させた。1905 年，彼は『色彩の表記』の初版を発行した。この本には，付録として最初のマンセル・カラーチャートとマンセル表色系にもとづいた簡単な学校教材がついていた。

　その後十年間，マンセルは独自に続々とマンセル・カラーチャートを作り，のちに『マンセル・カラーアトラス』へと組み込んでいった。

　しばしばマンセルはこの表色系の講義をするために国内各地に招かれ，1914 年にはロンドン，パリ，ベルリンで講演を行った。海外での講演によってマンセルは健康を害し，病の身となって帰国した。表色系の改良にはまだ携わっていたが，容態は悪くなる一方であった。

　1918 年初頭，マンセルは多くの友人の協力を得て，マンセル・カラーカンパニー社を立ち上げた。マンセルは表色系の精度や実用性を同社がますます向上させていくことを望んでいた。同年末，マンセルは志半ばにして亡くなったが，マンセルが建てた同社は，彼の着手した仕事をいまなお受け継いでいる。

　マンセルは『色彩の表記』の改訂を考えていた。そこで編者は，マンセルの出版物と未公開のノートを通じて，彼の晩年の考えに沿った方法で色彩を三次元化することができた。いくつかの文や言葉を除けば，この改訂版の本文はほとんどマンセル本人のオリジナルな文章である。

　ここで次の方々に感謝の意を表したい。ロイヤル・B・ファーナム夫人，ブランシャード・ブラウン夫人，アーサー・S・アレン夫人，ミルトン・E・ボンド夫人，シドニー・M・ニューホール夫人，そしてドロシー・ニッカーソン嬢とハリエット・J・テイラー嬢の励ましと助言に厚くお礼を申し上げる。ディーン・B・ジャッド，ケネス・L・ケリー夫人，ウィリアム・ベック夫人，そしてロレイン・フォーセット嬢には補遺の執筆に深謝する。さらに『色彩の表記』を出版したストラスモア製紙会社からは，A・H・マンセルが書いた文章の一部の使用を許可していただくご厚意に

与った。

R・B・ファーナム（ロードアイランド・スクール・オブ・デザイン元校長）による序文

　これまで，色彩の諸現象を多くの科学者が解明し，多くの教師が教えてきた。色彩の物理的，心理的な面について扱った数々の本が出版されてきた。何世紀にもわたり，芸術家やデザイナーは，装飾や絵画のために無数の色を混ぜ合わせてきた。いつでも自然は，私たちを色彩で取り巻いている。生来の衝動として，人間は自分自身を色彩で取り囲んでいる。そしてなお一般の人々にとって，色彩はなにやら神秘的現象であると同時に当たり前にも感じる自然現象だが，完全には理解されていない。

　過去に色彩を表記しようという多くの試みがなされたにもかかわらず，どれもが不完全であった。商業的な慣用色名は馬鹿げたままできちんと表記されておらず，科学的説明は一般人には理解できず，芸術家的なボキャブラリーも，やはりその筋の専門家にしか通じない。音が楽譜によって記されるように，いくつかの色彩を書き表す方法，色の性質，または属性を正確に明らかにすることはこれまで実現できなかった。また，これほどわかりにくいにもかかわらず皆が共通に見ている色彩現象を，人類すべてが理解して日常的に使えるようにしなくてはならなかった。こんな大仕事は不可能と思われていたが，『色彩の表記』はこれに取りかかっただけではない。この本はまた，色彩についてのすべての問題をシンプルで論理的な方法で理解することができることを示している。その方法とは，関心を寄せる人であれば誰でも，ほんのすこしの時間を費やしてきちんと学べば，すべての色表現についての簡潔で理路整然とした理解をもたらしてくれるものである。

著者アルバート・H・マンセル氏は卓越した芸術家であり，優れた教師であり，同時に並々ならぬ科学的見識のある人物であった。普段から月並みな芸術家による色彩の扱いの大ざっぱさを目にしていたことが，こんな目分量ではなく正確な表記法があってしかるべきではないか，とマンセル氏に早くから思わせたのである。研究調査はすぐさまマンセル氏を科学の分野へと誘った。色彩を親密さをもって観察する訓練を受けた画家としての実践的な知識は，科学者を超えた利点であった。さらに教師としての実地体験がもたらした明快な思考回路が研究調査の一助となった。

　マンセル氏はすぐに気がついた。もしこのような色彩の問題の実践的解決を発展させていくならば，初歩の初歩から手をつけなくてはならない。この考えは，色彩の問題についてマンセル氏がそれまでに得てきた知識に，大きな方向転換を迫るものだった。古くから伝わる赤色，黄色，青色の三原色理論は答えにはならなかった。眼で見る色と絵の具の混色はいつも等しい色にはならない。さらにマンセル氏は，ごく限られた画家などが絵の具を物理的に混色するという限界に比べ，人間の眼は日々何千回もの混色をしていることに気がついた。初めからマンセル氏は独自の解決策を見出すしかなかった。これが最初に明度を測るためのマンセル・フォトメーターの発明に向かわせた。これが色相と彩度を測るためのマックスウェルの回転混色盤の実践的な改良へとつながったのである。他にも，色球，色彩の樹，表記スコアカード，アトラス・オブ・カラー[*]や色彩測定用紙など，シンプルな実験と色彩研究のための機械や教材をマンセル氏は開発・製造してきた。

　『色彩の表記』によって多くのことが解き明かされている。本書は，マンセル氏の全業績の基本を丁寧に書き表したものである。どのような場合にも十分使える，たった一つの色彩の表現・表記という偉業を，時をかけて立証してきた。初心者がさらっと読み流すだけでは，この深遠さや完璧

---

　[*] 現在の『マンセル・ブック・オブ・カラー』は，『アトラス・オブ・カラー』の改訂と加筆版である。

さに到達できないかもしれない。マンセル氏の素晴らしい業績の大きさと，同時にこのような小さな本で考えを述べつくした完璧さは，繰り返し反復学習することによって理解が深まるものであろう。他の人ならば何章にもわたって書こうとするものを，選び抜かれたすくない言葉と的確なイラストで言い尽くす能力は，効果的に教えるマンセル氏の天与の才能といえる。

　個人的な会話や特に授業では，ほとんどの場合，マンセル氏はいつも適切なたとえ話や個人的な経験を無駄なく話していた。学生は強い興味と真剣な集中力で，知らず知らずのうちにマンセル氏のさりげない批評を聞き入れていた。このような教育には説得力がある。『色彩の表記』をコツコツ丁寧に研究するならば，マンセル氏の学生と同様の体験ができる。難解な主題をマンセル氏が巧みに扱っていることが読者にもわかるであろう。最終的には，マンセル氏が色彩の理解，色の知覚，測色，カラーバランス，そして色彩の表記に関する問題に，明快でシンプルで，すべてにおいて実践的な答えを出してくれたのだと納得するに違いない。

　現在，音楽が簡単に音符化されて音として正確に読まれているように，マンセル氏の業績は基礎造形の色彩能力開発として幅広く受け入れられ，表現の世界でたちまち取り入れられた。色彩教育や産業において，このように活用できることの価値は筆舌に尽くしがたい。

　マンセル氏の業績についての議論として，本書は「芸術家を束縛する」とか「自由な表現を妨げる」など，個人のやり方を束縛するものと論じる批評家もいた。音楽の楽譜表記が形になる前には，おそらく同じような意見を音楽評論家は述べていたに違いない。しかしながら今日，偉大な音楽家は音符記号の知識と楽器や声楽の楽譜というシンプルな表記法によって，束縛どころか自由になったと断言できる。

　音符の表記が先に発達した理由は，音は，色彩と違って物質的に残る形として留まらないから，ということには疑いの余地はない。もし録音技術が先に発明されていたら，ここまで楽譜が普及しただろうか。反対に色彩は，多かれ少なかれ染料や絵の具，ガラスなどを通して形に残る性質があり，研究調査されたり，模写・複製されたりして保存されてきた。という

わけで，視覚の色彩分析や色彩の文学的な表記の分析という分野の仕事が残されている。いまや世の中がマンセル氏に追いつくようになり，遅れ早かれ近代の工業，教育，科学，さらに芸術は現場の必要にせまられて，色彩の表記というマンセル氏が基礎を築きあげたものを通じて，色彩を実務や分析に使うようになりつつある。急成長するいろいろな産業ビジネスの上で，色彩の正確な表記の必要性はどんどん増している。これだけでも，色彩の測定と表記を真剣に学ぶ動機としては十分であろう。そしてより深く，色彩学の普遍的な知識と応用を知的に理解し活用する人々に，本書は多大な恩恵と喜びをもたらすに違いない。アルバート・H・マンセル氏のおかげで，われわれはこのような活用への礎となる一歩を踏み出したのである。

目 次

初版の著者まえがき　　　　　1
H・E・クリフォードによる序文　　　　　2
アレクサンダー・E・O・マンセル二世による改訂版への序文　　　　　4
R・B・ファーナムによる序文　　　　　7

第1章　色彩の表記 ——————————————————— 13

　　　カオス（混沌）——色名の名づけそこない

　　　整列——眼に見える色彩の属性

　　　色相は色の名前

　　　明度は色の明るさ

　　　彩度は色の鮮やかさ

　　　色立体——図解による色彩の並び方と相関性

　　　記号による表記——システマティックな色名法

　　　カラーチャート

　　　まとめ

第2章　色彩の楽譜 ——————————————————— 25

第3章　配色調和 ———————————————————— 31

　　　バランス——視覚の快適さ

　　　色彩調和——リズミカルな配色

　　　配色選びの道順

　　　色彩の面積範囲

補遺 ——————————————————————— 41

   生理学

   心理学

   物理学——プリズム色立体（想像上での色光による虹色の色相・明度・彩度を理解する実験）

   色彩教育

   色彩の音叉

   カラーアトラス

   測色のためのマンセル表色系（口絵 4 の解説）

論評 50
カラーグループ 52
慣用色名 55
マンセルの明度に対応する光の反射率表 59
マンセルによる色彩用語集 60

訳者解説 69

第1章
色彩の表記

カオス（混沌）――色名の名づけそこない

サモアから，作家ロバート・スティーブンソン*は，ロンドンのシドニー・コルヴィンに宛てた 1892 年 10 月 8 日付けの手紙で，次のように言っています。

「どんな模様でもいいから，君が気に入りそうな安くてきれいで，すさまじい日差しの暑い気候の部屋に合う壁紙を，前とほぼ同じような手段で送ってくれないか。それからこっちの気候はすさまじく真っ暗にもなることも覚えておいてくれ。居間はニス塗りの木目調にするつもりだ。特にいま考えている部屋は，寝室と居間のようなもので，だだっ広くて三面に照明がついていて，色は家主の趣味でトパーズ石っぽい黄色の部屋のことだ。だが，これにどんな色の壁紙なら落ち着くかね？　後ろにある自分用の小さな仕事部屋のためには，あまりテカテカしてない模様の方がいいだろう。ううむ，この赤色を決して言い表せっこない。この色はトルコ風ではなく，とはいえローマ風でもなく，だからといってインド風でもない赤色。だがローマとインド風を足して割ったようにも見えるが，バーミリオン色とマッチさせなくてはならないからどっちともいえない。ああ，もうこんがらがってしまったよ。とにかく知恵をしぼって，ちょうどこんな色合いの壁紙パターンを，なんでもいいからたくさん選んで送ってくれたまえ。」

多少でも合理的に色を表そうとしている悲嘆の文章で，これ以上に笑え

---

*「ヴァイリマ書簡」194 ページ，ニューヨーク：スクリブナー書店，1901

るものはそうそう見つからないでしょう。スティーブンソンは「トパーズ石っぽい黄色」と，「トルコ風でもローマ風でもなく，またインド風でもない赤色，だがローマとインド風を足して割ったようにも見えるが，どっちともいえない色」を表したかったのです。最初から最後まで，スティーブンソンの欲しい物はひとえに「ちょうどこんな色合いの壁紙パターン」なのですが。英文学史上，最も歴然として卓越しているべき作家が，自分の欲しい色を書き表せないのです。なぜでしょう？　一般的に使われている色彩用語は，さまざまに異なることをさまざまに異なる人に伝えているからです。

　ある人が持つ色彩の概念を他人に伝えるために，全色彩が持つ三つの属性を一つもはっきりと示さずに，一般的色彩用語を不適当に使うことで，人々は取り違えたり，がっかりしたりの連続でした。

　音楽には，自然に存在する無限のさまざまな音をごまかさず，それぞれの音の高低，強さ，長さで書き表す仕組みがあります。ですから色彩にも適した仕組みが作られるべきでしょう。

　もちろんあらゆる種類と度合いの色彩にいちいち名前をつけようとするのは時間の無駄です。ですが，こんな色彩の迷宮に対して，「クリアな心，良い眼，これらに加えてすこしばかりの忍耐」をもってきちんと取り組めば，突破口は見つかるのです。

整列――眼に見える色彩の属性

　子供は花を摘んだり，色とりどりのビーズを埋めて隠したり，蝶々を追いかけたり，派手な色のオモチャをねだります。まずは，幼児が見た強い色の感覚は，赤，黄，緑，青，紫というシンプルな色彩用語で十分に表せます。やがてしかし子供は，ある物が他の濃い物に比べて薄い色で，次第にそれぞれの色相にはグレイの階調がたくさんあるのに気づきます。このように早期から三種類の側面から色彩の違いを見出します。

　意識的であれ無意識的であれ，すべての色彩の上手な使い方はこのシンプルで大切な事実によって認識されるのです。

すべての色覚は，色相，明度，彩度という三つの属性に分けられます。一つ一つの属性は他の属性とぶつかりあわず，しかしながら多様な広がりをもっています。すなわち，ある色は明度や色相を変えることなく，彩度が弱くなったり強くなったりします。もしくは明度や彩度を変えなくても，色相はいろんな調子があります。最後に明度は，色相や彩度に影響されずに高くも低くもなります。

　例えば，赤い布の二つの面，すなわち日に焼けて色あせた表面と，日に焼けていない新しい裏面との色差にみられるような三属性の変化を，一つの色彩用語や一つの色名などでは形容しきれません。色彩の変化を形容することのできる三属性という色彩用語を，さらに詳しく解説しましょう。

　色彩には三つの側面がある，というとおかしく聞こえるかもしれません。ですが，各側面をバラバラに測れることは簡単に証明できます。上述の色あせた赤い布の場合，赤さは色相，明るさの量は明度，さらに同じ明度上で，どれだけ灰色から離れて鮮やかであるかの距離は彩度で，これらの各側面を別々に測ることができるのです。

色相は色の名前[*]

　色相とは，ある色の仲間を他の色の仲間と見分けさせる属性です。例えば赤色は黄色ではなく，緑色は青色でも紫色でもないというように。色相は，それぞれ赤，黄，緑，青，紫が違うように，ある物体の中や表面上に現れているわかりやすい色の特質です。輝きや彩度の同じ色でも，異なる色相ということがありえます。科学では，色相は，眼の網膜にたどりついて色覚を作り出す光の波長の差とされています。

明度は色の明るさ

　明度とは，ある明るい色とより暗い色とを見分けさせる属性です。色彩の明度は，おおざっぱに濃淡（tints），色合い（shades）などと

---

[*] 厳密にいうならば，色相は色彩グループの総称である。

呼ばれますが，これらの用語はしばしば間違って使われています。濃淡は明るい明度変化と，色合いは暗い明度変化と置き換えられるべきかもしれません。ただし，色合いという言葉は，どのようなタイプの色でも表すあやふやな一般的用語になっており，例えば黄色の色合いは青色の色合いよりも明度が高いということになるのです。

彩度は色の鮮やかさ

彩度とは，ある鮮やかな色とより弱い色とを見分けさせる属性です。白色または灰色に近い色からどれだけ離れているかの度合いでもあります。また，有彩色の強さとも言えます。

　これらの三属性の一つでも抜けているならば，色彩を性質づけられなくなります。ちょうど幅が22フィート（約6 m 70 cm），高さが14フィート（約4 m 26 cm）の部屋があって，奥行きの情報が抜けているならば，部屋の面積・体積がわからなくなるようなものです。奥行きの長さは想像におまかせできます。しかし，それでは想像する人によって，奥行きはそれぞれ異なってしまいます。

　この三属性に対するまったくの無知，もしくは二つの属性で三つの属性の分まで無理に表そうとすることから，よくある色彩の誤解・混乱のほとんどが生じています。フォルダに入った付属のチャートと色片は，三属性もしくは色相，明度，彩度によって知られるマンセル表色系の性質をわかってもらうためです*。

色立体──図解による色彩の並び方と相関性

図1のように，色彩の三属性を自分の手で表してみると覚えやすいです（図1）。左手の親指を赤色，人差し指を黄色，中指を緑色，薬指を青色，小指を紫色と呼びましょう。指先を円になるようにして，それ

---

*〔訳注〕本書には，版によっては教材的な付録が付いていた。

を始まりも終わりもない色相環として見立てます。そうすればどの指から始めてもわかりますし，前でも後ろでも順番がわかります。さて今度は指先をすぼめて，先が白色にあたり，指の腱の筋をたどって降りていくと，指の付け根に彩度の強い五つの色相があると想像してみてください。さらに降りていって手首にたどりつくと黒色です。

図1　このように手を，指先が白色，手首が黒色，彩度の強い色が手の外側周囲にあって，弱い色が手のひらの中の空洞にあるような色立体に見立てることができます。それぞれの指が，それぞれの色相の基準となり，白色が上で黒色が下で，すべての色相が共有する無彩色・灰色軸は，手の真ん中を通る見えない軸と考えればよいでしょう。

またはミカンの皮をむいて，下の部分は多少実につけたままで，房を五つのグループに分けたと仮定しましょう（図2）。そして今まで見たことがあるすべての赤色系の色相がその一つの房のグループに，すべての黄色が次のグループ，すべての緑色が三つ目，すべての青色が四つ目，最後に紫色が五つ目のグループに入るとして分類します。次に，それぞれのグループの色を，房の上がもっとも明度の明るい部分として，徐々に下に向かって暗くなるように分類します。

さて，ミカンの実には，分類した色彩がつまっています。**明度**に従って白色から黒色に段階分けされ，**色相**の五つのグループに並べられています。ミカンの上に近い部分を横に輪切りにすると，高い明度のすべての色相が見えることになり，下の皮部分に近い輪切りでは低明度の同じ五つの色相が見えるはずです。真ん中あたりの輪切りはすべての中間調，すなわち黒色と白色の軸の端から中間あ

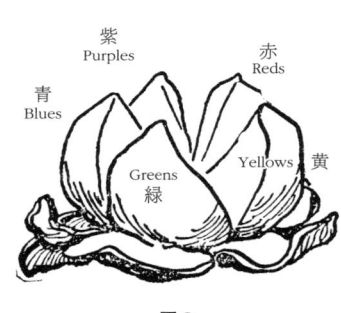

たりの明度の色相環が見えるのです。

　このようにミカンの実を使って，二つの色彩の性質を紹介しました。さて，お見せしなくてはならない残る三番目の性質は，先に紹介した**彩度**です。これを紹介するには，ミカンの房のグループを，すでに分類した明度がまざらないようにそれぞれ取り出すだけです。中心（芯）に近い房の細い部分が最も灰色がかっており，外側の皮に近い部分が最も彩度が高く強い色です。それぞれの輪切りは同じ明度の色相環を示しているはずです。しかし強い彩度の色が外側にあり，そして中央にあるより弱い彩度の色は色相がまったく見えなくなるまで，中間調の灰色が薄まりながら内側に向かってグラデーションを見せています。どんな色相が来ようとも，すべての先端をつないでいる中心（芯）の部分は，黒色から白色の中間階調になっています。

　弧を描いている房の外側の部分は，それぞれの色相の低明度から高明度までの段階を見せてくれます。そして芯に向かって直角に切るならば，三つ目の**彩度**という性質が現れます。なぜなら色相は皮側から中間調の灰色に向かって段階的に並んでいるからです。

　色彩を区分けする助けとして，なじみのあるミカンの構造を使いましたが，今度は球体という幾何学的な立体に切り替えて，地理用語を使ってみます（図3）。北極が白色で，南極が黒色です。赤道線は中間調の赤色，黄色，緑色，青色，紫色でできた環に当たります。赤道よりも上側（北半球）の平行線はより高い明度，下側（南半球）の平行線はより低い明度です。黒色と白色をつなぐ垂直方向の地軸の間には中間調の灰色階調があって，その軸に対して直角になっている面には**彩度**の段階がきます。ですから，私たちの色彩の概念は，色球体を使って相関性を表せるのです。どんな色でもその色彩の属する性質，明るさや強さを，色相・明度・彩度で構成された立体的なスケールの位

図3

置で示せます。

　色相と明度を表し彩度を省いた平面的な図解は，まるでアルプス山脈がないスイスの地図か，または海水の深さのない港湾の海図のようなものです。測色器のおかげで，三つ目の面である**彩度**においては色材がバラバラであることもわかってきました。彩度は色球体[*]上に山や谷を表すようなもので，だからこそ表色系が成り立ち，チャート化でき，球体面上をこえて，いくつかの色相が見えるようになるのです。だからこそ**色彩の樹**によって，枝々の高さや長さが均等でないこと，それぞれの色相が独立していることを示すことが必要です。どんな立体図でも色彩の相関性を表すのに使えますが，必ずそこにおいては色相・明度・彩度の三属性が合わさったものでなくてはならず，すべての色が持つ要素にもとづいたこの三属性によって，すべての色は名づけられなくてはなりません。他の感覚的な用語や，コロコロ変わるような物の色の名前にとらわれてはなりません。

　色彩の樹とは，球体の垂直軸を樹の幹の形と見立てた，明度スケールとして作られました（図4）。樹の枝々は幹に対して直角にのび，色球においてならば，これは彩度のスケールを担っています。色の小枝は，それぞれの色相に従って幹の周りに等間隔にのびた枝が，しかるべき明度の高さに生えています。黄色の枝は頂上の白色の近くに生え，次に，樹の幹の根っこに向かって，緑色，赤色，青色，それから紫色の枝が明度の段階ごとに生えています。色球では，彩度は赤道の表面止まりの最大／5で終わるのを思いおこしましょう。色彩の樹では，これをさらにのばして枝の先端を，いま私たちがとらえている最大に強い彩度の赤色，黄色，緑色，青色，紫色の絵の具で塗り，さらに強

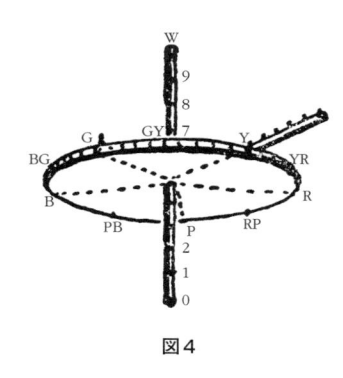

図4

---

[*] どのような既存の立体でも，測色によってそれぞれまちまちな明度と彩度を正確に表すことはできない。しかしバランスのとれた相関性を立証するため，さらにすべての色彩の調和と対比の要素を示すためには，ルンゲ（1810）が発表した色球体が適切なモデルなのである。

い彩度の色が作られれば枝をのばすことができるのです。

　このようなモデルによって，色彩の相関性をイメージできるのです。すべての色は，その位置を色相・明度・彩度の合わさったスケールの上で示すことができます。これらのスケールによって，ある人が示したい新たな色知覚も，色立体の位置で把握することができるのです。三属性のスケールなしでは，ひとつの色知覚が他の色知覚をぶち壊すことが多いことを考えると，このようなゆるがないモデルイメージの大切さは推りしれません。ある色を見るとき，相対比較という基礎がないなら，その色はただの表記できないあやふやな記憶になるだけでしょう。これに対してこのモデルは，それぞれの色をその色相，明度，彩度によって合理的に測ることができます。

　ですから色は，マンセル表色系の中の他のすべての色彩と理論的な相関性を持ち，色彩の表記によって色彩イメージをいつでもどこでも表し，簡単に覚えることができるのです。

記号による表記──システマティックな色名法

　マンセル表色系で使う表記法は**色相**（色相の各イニシャルによるシンボルで表記します）を一番左，**明度**（数値で表記します）を分子として色相の右に書きます。そして**彩度**（これも数値で表記します）を分母として斜線の右側に書きます。ですからR5/10は色相が赤色，明度が5で，彩度が10で，これは絵の具のバーミリオン色に相当します。

●色相（HUE）

　五つの原色（R，Y，G，B，Pとイニシャルで表します）が等歩度に置かれた色球体上の赤道線が色相環にあたります。五原色はそれぞれ隣り合わせで地続きになっていて，その中間になる色相が間をつないでいます。それらが二つの原色の中間色です。赤色と黄色の中間は，黄－赤色YR。緑色と黄色の中間は緑－黄色GY。青色と緑色の中間は青－緑色BG。青色と紫色の中間は青－紫色PB。赤色と紫色の中間は赤－紫色RPとそれ

ぞれ書き表します。

このようにそれぞれの原色は、両側にある二つの原色と原色の中間に中間色をつくり出します。

● 明度（VALUE）

無彩色の軸の明度段階は、白色のＮ 10/ から黒色のＮ 0/ まで一段階ずつ、Ｎ 0/, Ｎ 1/, Ｎ 2/, Ｎ 3/, Ｎ 4/, Ｎ 5/, Ｎ 6/, Ｎ 7/, Ｎ 8/, Ｎ 9/, Ｎ 10/ と書き示します。中間明度のＮ 5/ は、その名の通り白色と黒色の真ん中にあります。**この明度の数値スケールに慣れることができれば、これが明るい灰色と暗い灰色を示すだけでなく、同じ明度レベルの有彩色も示しているのがわかります。**

色球の赤道線上を通過する中間色、例えば中間の赤色ならばＲ 5/ と表記され、その明度が 6, 7, 8, 9 と赤道から上の北半球側に、4, 3, 2, 1 と下の南半球側にくることが想定できます。

ですからＲ 5/ は、Ｎ 5/ という灰色と比べて、明るくも暗くもありません。色相の右側に書かれる数値は、無彩色であろうが有彩色であろうが常に明度を表します。ゆえにＲ 1/, Ｒ 2/, Ｒ 3/, Ｒ 4/, Ｒ 5/, Ｒ 6/, Ｒ 7/, Ｒ 8/, Ｒ 9/ は赤色の明度スケールを示し、Ｇ 1/, Ｇ 2/, Ｇ 3/ ……は緑の明度スケールを示しています。

● 彩度（CHROMA）

彩度は三番目で最もわかりにくい色彩の性質です。私たちは無意識のうちに、バーミリオンのような強い赤色と古いレンガ色のような弱い赤色のコントラストを見分けています。これらを表記すると、Ｒ 5/10 とＲ 5/2 に相当します。彩度はグレイッシュな赤色から中間の赤色を通り、バーミリオン色*で得られるような最も鮮やかさの強い赤色にたどりつきます。中間の彩度段階はそれに応じた数値で表します。ですからＲ /1, Ｒ /2, Ｒ

＊ 色材も染料も彩度の /10 をはるかに越えるものがどんどん開発されてきている。

/3……が赤色の彩度スケールです。

　はっきりしているのは，十色相の色相環のなかには，各色の両脇の間にそれぞれ連続したさらに隣り合わせの色相が存在するということです。明度スケールのなかでも，明度段階が近い連続したペアの間の両脇に，近い明度の色が存在します。作業の手間はかかりますが，他と区別できないほどに溶けこんでいる，眼に映るわずかな差を分類すれば，色彩の段階はより緻密になるでしょう。このようにマンセル表色系は，オレンジ色や紫色などなども表していますし，これらの色に適切な呼び名を与えています。すべての色の感覚を測定にもとづいて分類して載せており，科学が進めば開発できそうな，彩度のずっと高い色も紹介しています。このような色票によって，過去の誤解を訂正できる上，眼にとらえられてきた色彩の真の秩序を確立できるのです。

カラーチャート

　言葉では色彩を表しきれません。カラースケールは，眼で色彩を測る能力を育成するために必要です。スケールは，ある日の気分や当てずっぽうで作ってはなりません。科学的な手段で標準化されなければ，カラースケールは人の見方によって変動し，個人の精神的または身体的な条件のために日によって違ってしまうのです。

　こうしたカラーチャートの形がマンセル・カラーアトラス[*]であり，見る人に視覚的に訴え，ある色を他の色との関連性のなかで使えるようになっており，その色に色相・明度・彩度の段階による名前を与えています。

　このカラーチャートは水平の断面図に限って使えるだけではありません。カラーチャートのシステムを彩度の強い黄色から彩度の強い青紫色へと斜め下に向かって切ったとしましょう。そうすれば色による反響のプリズムのスペクトルによるともいえる，ワクワクするような色の配列が現れるばかりでなく，赤紫色というプリズムには含まれない色も現れてきます。

---

[*] カラーアトラスについては補遺を参照。

まとめ

　いいかげんな色彩用語は誤解を招きます。ある人が青と呼ぶ色を，他の人は青紫色と思ったり，青緑色と捉えたりします。典型的な赤色といっても，ほとんどすべての人がそれぞれ違った色を頭に思い浮かべています。二つの属性のみを使い，三つ目の最もわかりにくい属性を抜かして「赤色の色合い」を表すという一般的な表し方では，色の全員による完全な一致はほとんど無理でしょう。

　マンセル表色系は色彩の相関性を分類しています。この分類法は，色相・明度・彩度という色彩の三属性の認識にもとづいています。空間上では以下のようになります。中央の垂直な軸は明度階調（画家の用語では光度 luminosity と呼びます）を表し，下の黒色から上の白色までウェーバー・フェヒナーの法則に従って，対数的に反射率が増えていきます[**]。明度軸上の点は，同じ明度レベルの色の基点となります。この明度軸に沿って垂直に切った面は，ある色相を表し，軸の反対側には補色の色相面が出てきます。どの三つの明度面でも120度で分割すると，コンプリメンタリー・トリオ[***]等が現れます。このようにどの色相もどういう角度で切るかによって現れ方が決まってきます。彩度（色相の強弱・飽和度）は，垂直な明度軸から直角に測った長さで測り，数学的に増えていきます。

　これらの属性が，水平に切った面の上では一つの色の一つの明度，次に縦に切った半円面の上では一つの色相，そして明度軸を中心とした同心円筒の上では同じ彩度というような色立体を形づくっています。この色立体のいずれの色の点も，たった一つの色を表しており，さらに三属性を測れば色立体上のどこの位置かがはっきりします。

　マンセル表色系の潜在能力は推り知れません。この表色系はシンプルさと人の興味をひき出す力を兼ね備えています。私たちは知らず知らずのうちに色を見分ける力をつけられます。合理的な色彩の表記というだけでな

[**] 最近の実験では N 3/ は 6.56% 反射し，N 5/ は 19.77%，N 7/ は 43.06%。
[***] 補色による三色配色。

く，科学的にも意味があり，実践にも役立つ表色系なのです。
　システマティックな色彩の表記を使って，無秩序な色彩の世界から旅立ちましょう。

第2章
色彩の楽譜

前の章では，色相・明度・彩度，および色球と色彩の樹における三属性の関係について説明しました。加えて，色が色相・明度・彩度の三属性の位置を示すアルファベット文字と二つの数値によって，どのように表記されるかを見てきました。アルファベットと数値がそのままそれぞれ別個の色を表すだけではなく，スケールにおける色の連なり・グループがつくる数値のユニットは，色の楽譜を作り上げています。それは楽譜が，音符同士の関わりを記録するのに似ています。

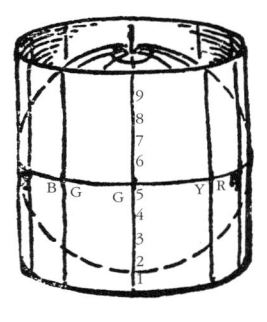

図5

とてもシンプルな色彩の楽譜をすんなり連想するには，例えば透明な覆いで色球の赤道線の周りを包み込んだときの，垂直の円筒形を思い浮かべてみましょう（図5）。覆いには，赤道線が中央の水平線として現れていて，これは明度5を示します。そして上の北半球側に6，7，8，9ゾーンが平行に並び，同じように下の南半球側に4，3，2，1と並びます。この中央線上に垂直な縦線を等距離に10本描きます。これは色相スケールの境界線でR, YR, Y, GY, G, BG, B, PB, P, RPと記されます。

この透明な覆いを，そのようにして100に分割し，10の中間色それぞれの明度の10段階を作ります。さて，この覆いを垂直線に沿って切って広げてみましょう。例えば赤紫色（RP）に沿って切って，広げてみると，色球の平面チャートが出来上がります（図6）。

円筒形の覆いは，どの経線で切り開いてもよいのですが，チャート上の緑色（G）を真ん中に据えられるのならば，より都合がよいでしょう。そうすると反対の場所である赤紫色（RP）から切り開くことになります。すると中央の緑色の右側には，黄緑色（GY），黄色（Y），黄赤色（YR），さらに赤色（R）がやってきます。これらはすべて赤色もしくは黄色を含んだ暖色系の色です。左側には青緑色（BG），青色（B），青紫色（PB），そして紫色（P）がやってきます。これらは青色を含む色であることから寒色系の色と呼びます。緑色自体は暖色でも寒色でもなく，黄色または青色を混ぜて調節できる色です。ですから色相スケール*の上で，中心となるバランスポイントとなります。

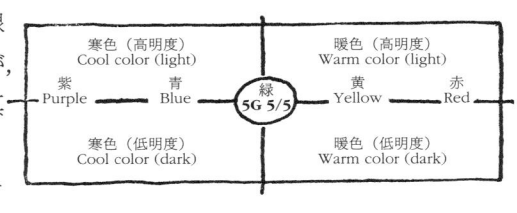

　色彩の楽譜によって，赤道という横の中心線と緑色の縦の中心線の二つで分けられた色彩の四つの大きな区画，あるいは色彩の地域が示されます。真ん中の赤道中心線より上はすべて明るい色で，下はすべて暗い色です。緑の縦中心より右側はすべて暖色で，左側はすべて寒色です。中間色の緑色（5G 5/5）は，色彩を実際に活用する人々にとっては配色バランスの要となるでしょう。このチャートは，横の長さが赤道の長さと同じで，縦が軸線と同じ長さという長方形（比率は3.14：1）をなしており，色相と明度の統一とバランスを示しています。これまでのチャートは，色彩の二つの属性を表していますが，完全なものにするためには，チャートに三つ目の属性である彩度も表さなくてはなりません。

　チャートを球体の周りに持ってきて端と端を閉じて，再び透明な覆いにしましょう。そして針をどこでもいいから球体の表面に刺しましょう。実際，針は中心軸に届くまで突き刺すことができ，これによって針を刺した

---

*　これをスペクトルの波長に当てはめるためには，赤色側の長波長スペクトルは暖かな感じを与え，同時に紫色側の短波長は冷たさを感じさせます。これら両極の中間が緑色の波長なのです。

場所の彩度スケールができます。同じように，球体上のどんな色でも，針で刺した場所が球体の中であろうがなかろうが，その色の場所をピンで突き止めることができます。針が突き刺さった長さが，彩度の目盛として捉えられます。もし今度はチャートを剥がすと，針が刺さったその位置が色相と明度を示し，針の長さが彩度を示します。

　三つ目の色彩の属性・彩度が，色彩の楽譜とリンクしているという考えによって，針を抜いて長さを数値で記録します。色彩の楽譜上に付けられたどの点も，色相と明度のある確かな数値を示し，同時にその横にある点も数値によって色相と明度を統合した一つの色を示すのです。このような色彩の点の連続を見ていくことにより，眼は簡単に個々の特質を見分け，明瞭に配色の関係を理解していくのです（図7）。

　このように平たいチャートが色立体の図面になるわけです。ですからこの立体にあるどんな色でも色相・明度・彩度の段階を残したままでチャートに書き写せます。今のところスケールを10段階に分割してはいますが，もしお望みならば少数点以下の数字も使ってさらに細分化できるでしょう。大きな分割で小さい楽譜を作るか，100倍細かい段階をつけてさらに大きな楽譜にするかは，使う人にとって便利かどうかの問題です。後者のケースでは，それぞれの色相は10の段階があり，緑色の真ん中の段階は5G 5/5と見きわめられて，その前には1G，2G，3G，4Gがあり，その後ろには6G，7G，8G，9Gが青緑色に向かって続いていくことが示されます。

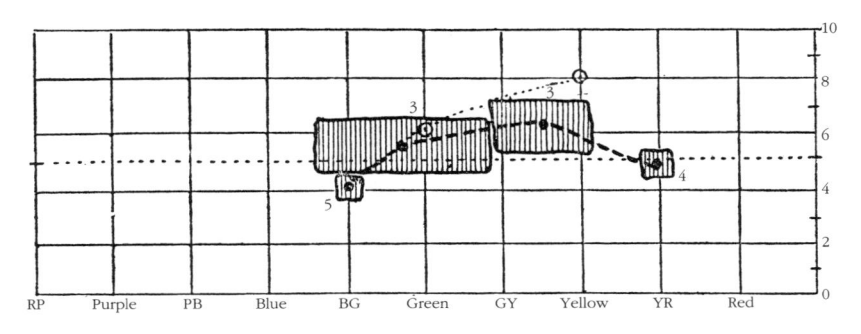

図7　色相・明度・彩度による色彩の楽譜

必要に応じて作られたチャートが小さくても大きくても，このような色彩の楽譜，もしくは表記ダイアグラムは，手元に絵の具がなくても色彩のコンビネーションを記録することができる，とても便利な手段なのです。

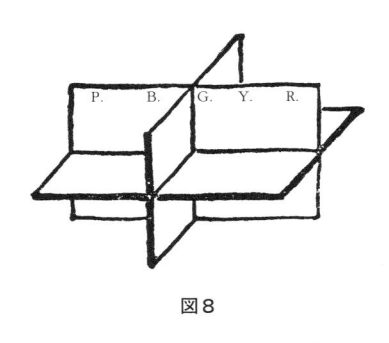

＊　＊　＊

三　属性を示すために，三枚のカードを使って，その真ん中に切込みを入れ，それを互いに直角にはさんで，小さなモデルを作りましょう（図8）。

　5G 5/5 は互いのバランスの要になります。中央の面はすべての色を対照性のある二つの区画に分けます。右側はすべて暖色で，左側がすべて寒色です。それぞれの区画は，再び水平線によって，上側が明るい色，下側が暗い色に分けられます。これらの四つの色彩の区画はさらに 5G 5/5 を縦に通る面で分割されます。彩度の高い色が手前にきて，彩度の低い色は紙の向こう側にきます。

　中央から右側に置かれるどの色のグループも暖色になります。なぜならば，赤色や黄色が主勢力だからです。中央から左側のグループは寒色になります。今度は青色が主勢力だからです。中央より上側のグループは明るさが勝ち，下側のグループは暗さが勝っています。最後に中央より前に突き出た部分は強い彩度を表し，中央よりも向こう側にある部分は弱い彩度の色を表しています。このモデルによって，色彩のバランス構成が，暖色・寒色，明色・暗色，弱い色・強い色という段階を統合しながらなんらかの形の均衡を保っていることがわかります。この構成によって，点を打つことで色の位置が明瞭にわかるようになっています。

* * *

紫色，薔薇色，きんぽうげ色というような色のそれぞれは，彩度の数値を添えられた点として，楽譜上に表せます。二色に分かれた色の花，例えばナスタチウムのような花は，二箇所の点と彩度の数値で示せますし，赤と黄色の花束ですらも，間違いようなく暖色で明るいという色彩の一フレーズ，もしくは「シルエット」として位置づけることができるのです。

シルエットとして記された花それぞれが持つ彩度が，色彩の表記を完成させるのです。暗い赤が基調である典雅なペルシャ絨毯の色相，または緑色が大勢を占める草花のタペストリー，もしくは青色がふんだんに使われた日本の版画は，色彩の楽譜上から，それぞれの色彩がもつ特質の記述パターンを探し当てることができます。このような記録を実践的に行えば，音楽の楽譜のように，視覚にとっても意義深い表記となります。配色の一般的な傾向が一目瞭然になり，同時に彩度段階も心でイメージできることでしょう。

これまでグループ配色をするときには，長年の経験から得た勘に頼っていましたが，色彩の楽譜はこんな配色の分野に新しい地平を生み出してくれます。蝶々の羽やパンジーの花の多様性を例にとってみてください。同じように絨毯，タペストリー，モザイクのように，なんであれ色彩の美しさと調和で私たちを魅了するものを測定値で表記するのです。なおかつ色相，明度，彩度，面積比を見定めるプロセスを，そして研究成果によって，この分野をさらに細かな色知覚の研究へと導いていかなくてはなりません。

また同じプロセスで，最も不快で調和していない色彩グループというのも，一般的に好ましい色の効果を持つグループと共に記録することもできます。十分な記録が得られたならば，好ましい色と嫌悪される色の配色の明らかな比較資料となります。このような比較から色彩調和の広範な法則性を見出せるでしょう。受け取る側によって違う意味にとれるような，個人的矛盾に満ちたいいかげんな色の表記ばかりではなく，今後は信頼性が

あり，偏りなくはっきりした色の表記によって，色を測り表せるようになるでしょう。

第3章
配色調和

バランス——視覚の快適さ

さて中心軸には，分割線によって10等分された灰色スケール（N1/，N2/ ……）があり，さらに赤道上には等間隔の10本の経線によって分けられた10の色相が並んでおり，また各色相にはそれに応じて黒から白まで10分割された明度スケールがあります。赤道線上にあろうが，他のどこの位置にあろうが，これならどんな二色の配色であっても，どのような調和を表すかを予測するのは難しくありません。

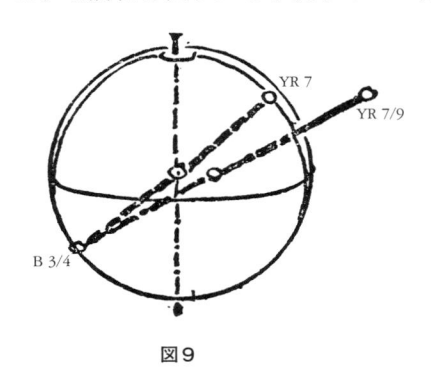

例えばYR 7/とB 3/のように，反対色相で明度の違う色を配色するとどうなるかを考えてみましょう（図9）。この配色について，色球には答えが用意されています。色球を突き抜けて二つの色をむすぶまっすぐな線の中央が無彩色の中心軸とぶつかり，その無彩色の灰色でバランスを保っていることを示しています。これは赤道線から等距離にある球面上の明度のどのような反対色のペアでも当てはまります。

図9

このことによって，配色のバランスとは何だろう？　という問いがわきます。芸術家が絵画の色彩計画について批評するときの「明るすぎる，または暗すぎる」（明度バランスが悪い），「弱すぎる，または強すぎる」（彩

度バランスが悪い），「暖か過ぎる，または冷た過ぎる」（色相バランスが悪い）という形容があらゆる配色の基礎なのです。

　色彩バランスの一番単純な考え方としては，一本の棒が中心点で支えられ，バランスを保っている状態があります。棒の片端が重すぎるときは，中心点の位置を軽い側に移さなくてはなりません。

　しかしながら色彩の場合，三つの属性をあわせもっていることから，三点バランスという考え方をするべきでしょう。例えば，ジャック・ストローというゲームで，一つのコマが邪魔に入ると他の一つが退く，というルールが当てはまるかもしれません。

　三点バランスは三つの接し合った計量皿という形で図にできるでしょう。図10の通り，そのうち二皿は中心から吊るされていて，中心軸の上に載った三つ目の皿と接しています。一番下の中心軸の上の皿を色相（H）と呼び，二つ並んだ皿をそれぞれ明度（V）と彩度（C）と呼びましょう。下の色相皿（H）のほんのちょっとの上下や回転が明度皿（V）と彩度皿（C）に共震をもたらすのです。色相皿が傾けば，明度皿も彩度皿も外向きに開きます。もし色相皿が回転すれば，明度皿も彩度皿も回転するのですが，逆回転になります。実際，明度皿に何か起これば色相皿と彩度皿も影響を受けますし，彩度皿がどう動いても色相皿と明度皿は反応します。ですから色の一つの属性がすこしでも変わると，他の二つの属性を調整する必要があることを認識しなくてはならないでしょう（図10）。

図10

　快適と感じるのは，バランスの結果なのです。したがって著しくアンバランスな状態になれば，すぐに元通りに補正したくなるのです。人間の生活のなかでも気温，なめらかさとざらざら感，明るさと暗さの度合い，労働と休暇の割合など，ほどほどのバランスが好ましいとされています。このような快適さが見事に達成されるのは，バランスのとれた美しい色彩計

画においてです。強い彩度の色たちを使うのは眼を疲れさせますし，また弱すぎる彩度の色でも同様です。一般的に私たちはカラーバランスの中心を中間の灰色だと感じています。ですからほどほどの分量の非常に強い色は，適正な分量の灰色に近い色とバランスがとれます。そして強い赤色の輝く一点は，広い面積の灰色がかった青緑色とバランスをとるのです。このように色彩の面積比というのは，色相・明度・彩度のバランスのなかで役割を果たすもう一つの色彩構成の要素であることがわかります。このことを表す例は私たちの日常生活にあります。サーカスの山車やポスターは注目を一時的に集めるのにはよいのですが，しばらくすると見つづけるのが辛くなって眼をそむけてしまうものです。他の例は雑誌の表紙や広告板に見られます。これらは眼を興奮させるためだけに使った例であり，長く楽しむためのものではありません。バランスのとれた配色とは，眼をいやして心地よくして，注目させつづけられるかに重点があります。色彩はさまざまにあるものですが，全体としての効果はバランスにあるのです*。

　色球の中心がすべての色にとって最も単純で自然なバランスの要であり，さらに中心から同じだけ離れた色はそれぞれ互いにバランスがとれていると想定しましょう。そうすれば白色は黒色とバランスがとれます。明るい赤色は暗い青緑色とバランスがとれます。中間の赤色は中間の青緑色とバランスがとれます。要するに，中心を通るすべての直線は互いにバランスをとる反対の要素を示しているのです。このような関係の色を補色（反対色）と呼び，それぞれが色相・明度・彩度においてバランスをとり合っているのです。

---

* 特筆すべき——広告はじめ配色が重要な分野で，色彩を主に実践で活用することに興味を持つ人々にとっては驚くことかもしれない——は，マンセル氏の文章は注意深く見ていくと，マンセル氏の「バランス」概念は，普通に考える意味よりもずっと広範なものなのではないか？　という疑念を越えた意図をもって語られていることである。マンセル氏は無彩色・灰色による「バランス」を，単に最もシンプルで基礎的バランスの形としてとらえており，色彩学を学ぶ学生が，もっと面白い有彩色バランス（一つは赤色 R 5/5 として記されている）に手をつけるより前，この章の後半の配色調和を語るための前提として学ぶように考えているのである。前章の「第 2 章 色彩の楽譜」でマンセル氏は，中間色の緑色（5G 5/5）を，コントラストの配色バランスの要として使っている。

さて色球上にある R 5/5 のようなバランス点を一つ使いましょう。R5 から両方向に等距離に離れた色彩どうしも，バランスがとれています。例えば R7/ と R3，R8 と R2，R6 と R4 のように。一方，色の強さはそれぞれの面積によって違ってきます。

　一般的な法則として，**より強い色を使おうとすればするほど，面積は小さくすべきであり，同時に面積が大きい場合は灰色がかっているか，弱い彩度の色を置いた方がよいでしょう。**ですから R 7/6（明るく中彩度の赤色）は，9 箇所のより明るい赤色から 42 箇所のより暗めの赤色という比率のバランスのなかで，R 3/3（暗く低彩度の赤色）とのバランスをとっているのです。言い換えるならば，三属性で逆の要素をもつ色同士によってバランスをとるのです。明度と彩度という要素の変化によって，赤色の使用目的における色彩の面積比率を広げたり狭めたりするのです。ゆえに暗めで弱い赤色を 42 色面──「42」と呼び──，そして明るめで強い赤色を 9 色面──「9」と呼びます──にすることによって，明るめの赤色（R 7/6）と暗めの赤色（R 3/3）とのバランスをとります。

　配色バランスは，いずれは光学，美学，さらに幾何学的比率，それぞれの分野の研究対象となるでしょうが，この問題は簡単には片づけられないでしょう。この問題はとても複雑であり，最もよく似たものとしては音楽のリズムが挙げられます。耳に与える音の衝撃が私たちを朗らかにしたり，悲しい気持ちにさせたりします。色彩も眼に映る刺激から，精神に心地よさや苦痛をもたらしうるのです。

　非常に長期間にわたる知的，肉体的，精神的にアンバランスな状態が続くと病気を引き起こすのは明らかです。しかしながら短期間のアンバランスな状態は，バランスを回復するという前向きな意味で，よい刺激になります。音楽のほんのすこしの不協和音や，ちょっと体を捻ったり，意図的に思考転換してみたりすることなどに，同じ効果を見ることができます。甘すぎ，しょっぱすぎ，酸っぱすぎ，同じことは食べ物の調味料にもいえます。明るすぎ，暗すぎ，暑すぎ，冷たすぎ，弱すぎ，強すぎというように，これらの言葉は絵画評論にさえ使われます。成功した芸術家は，これ

らのアンバランス状態を克服しようと試みます。ある一定度のアンバランスな色彩計画を取り入れることを刺激的配色（harsh color）と呼び，調和色彩（真にバランスのとれた状態）と呼ばれる状態に変化を与えます。すなわち，対比によって調和しすぎた色彩がひき立つのです。色彩の単調さを乗り越えるために，全体的なバランスをさらに引き立てるために，ときには巧みにアンバランスを使うこともできるのです。これなど美術館におけるいわゆる「戦慄の間」の演出や，唐突な不協和音の音楽，もしくはとんでもない無礼な態度，調和と対立の間に対比を描き出すこと，色彩使用において対比を強調するなどにおいて見られます。もしも色彩を絵画の背景部分として扱うならば，色彩は落ち着いたものにするべきです。もしも色彩を絵画の主役とするならば，色相・明度・彩度の対比において強い振り幅をもたせるべきです。広告の場合，特に屋外では，強烈な色彩の対比，さらには目ざわりであっても許されてしまいます。

　カラリストは，こんな満足感や嫌悪感を敏感に感じ取り，そして意識してか無意識か，ある配色を避け，ある配色を取り扱っています。よいといわれる絵画や装飾計画は，「明るさと色合い」（明度），「暖かさと涼しさ」（色相），「鮮やかさとくすんだ感じ」（彩度）を組み合わせたバランスのおかげなのです。そのために不快なとき，精神は一気にそこにあるアンバランスを探しはじめ，色彩が暑苦しいとか，暗すぎとか，毒々しいと文句をいうのです。この心地よい比率を作り上げる努力は，きちんと分析されるべきと考えられる一方，人によっては気まぐれに無意識でやっているかもしれません。

　昔の名作を盲目的に模倣するのではなく，名作に共通する一定の法則を学ぶことによって実際の色彩教育は進歩していきます。作品の洗練さを見る鑑賞眼を養うことはできるとはいえ，繊細な日本の版画やペルシャ絨毯，ルネサンス時代のタペストリーをまるまるそっくり模写するだけでは，学生に同じような美を作り出す能力は身につきません。音楽の名曲を正確に演奏できても，作曲家になれるとは限りません。音楽家は，名曲を学ぶ他にも，対位法を習得したり，音符の新しい組み合わせによる音楽の流れを，

音程表記によって間違いなく記録したりするわけです。

　測色されてシステム化された表記法なしの状態では，色彩調和論を表現しようにも，ただのあいまいな一般論しか出てきません。「よい」と「悪い」配色の基本的な差を表すことはできないでしょう。ですからカラリストの仕事は，科学的な基礎と明快な色彩の表記法を用いなくてはなりません。これによって過去の成功例と失敗例が記録でき，比較や分析が，カラーバランスの基礎のための色彩研究における助けとなるのです。

色彩調和——リズミカルな配色

　色彩調和の法則を定義しようという試みはこれまで成し遂げられませんでしたが，その原因を見つけるのはそう難しくありません。調和している状態と不調和な状態の感覚自体が定義されていないのです。

　色彩調和という用語は，音楽の調和（ハーモニー）と関連しており，さまざまな色彩の均整がとれて，秩序よくグループ化され，眼に心地よい状態というような配色イメージを思い起こさせます。音楽の調和は明快な言葉で説明されています。音楽の言葉は，安定し，はっきりとした音程によって表されます。そこでは，音の相関性が作曲の基礎をなしているのです。測定され，秩序のある相関性が調和の概念の背後にある音楽との類似性は，色彩にもヒントをくれています。

　理論に走るかわりに，実際に実験してみましょう。ピアノに向かってまったくでたらめに鍵盤を叩く子供が，次第に耳になじみのある旋律の音階を弾くようになっていきます。同じように，色球とカラーチャートを探索した後，なじみ深い一色を選んでから，その色に合いそうで眼に心地よい配色になるような他の色を探しましょう。

配色選びの道順

　これはドレスに使える灰色がかった緑色です。これにどんな色を合わせたらいいでしょうか？　まず，その色を色球のなかから探しましょう。そうして他の色彩の度合いとの相関性を見出していくのです。この緑色の明

度は 6 / で，赤道（中間明度）から一歩上にあります。色相は緑色で，彩度は / 5 です。G 6/5 と表記します。

　配色の道順は，この場所からどんな方向にも向かえます。どこで調和する色や不調和な色を見つけられるでしょうか？　どこが最も使われている道順でしょうか？　まだ誰も試したことのない道順があるでしょうか？

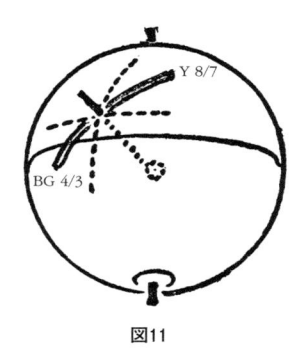

　三種類の典型的な道順があります。一番目は垂直に動く路線で，明度をすばやく変える方法です。二番目は外周りの路線で，大きく色相を変えます。三番目は中を突き抜けて中間色の中心を通り抜ける路線で，反対側へ行こうとします（図 11）。

　垂直路線は，ただ灰色がかった緑色の明度の明暗をなぞります。一般的に「同系色，色合い」と言われていて，色彩センスが発達していない人にも無難な道順として，他の色相との複雑なかかわりを省きながら，一つの属性が表現する違う色調を見定めることができます。

　外周り路線は，どちら向きに進んでも隣り合わせの色相を通過していきます。この場合は青色から緑色を通って黄色に行きます。もし路線が平行に移動するならば，この路線は単に色相が変化するだけであって，明度や彩度の変化は伴いません。しかし路線が斜めに向かっているならば，路線の片側の色は明るくなり，片側の色は暗くなります。ですからこれは，色相と明度の変化を伴う最初と二番目の典型的な路線の間の路線となります。灰色がかった緑色のドレスの性質が，明るい麦わら帽子を合わせると，そしてそれを濃い青緑色のふち飾りで装飾するといかに際立つかを示すことは，より複雑ですが，より面白くもあるのです。麦わら帽子の黄色にドレスの緑色よりも強い黄色を選び，同時にふち飾りの青緑色の彩度を弱くするならば，配色はやや穏やかでより魅力的になります。この配色を表記するならば，Y 8/7, G 6/5, BG 4/3 となります（図 11）。

　色球を覆い隠すのに十分な大きさの一枚の紙に，直線上に三つ以上の穴

を並べて開けます。そして色球の表面に当てて，これで研究しようとする配色を取り出します。こうして上記の Y 8/7，G 6/5，BG 4/3 の点を色球上で動かして，Y 8/3，G 6/5，BG 4/5 になるようにします。覆いは，三つの色が現れるように間隔を置いて三つの丸い穴が開いていて，他の色との見間違いを避けることができます。配色の他の二点にある色相や明度の変化を見るために，真ん中の穴を緑色に合わせて動かさないようにして，覆いをずらしてみます。

　内側を抜ける路線は，無彩色の中心を通り，反対色相である赤紫色 RP 4/5 へ向かいます。この配色は初心者には落とし穴だらけになります。明度の小さな変化で色相と彩度が大きく変化するのです。

　灰色がかった緑色の地点のかわりに他の点を選んでも，同じような典型的な路線を簡単にたどることができ，配色を表記して，色彩の楽譜に書き残せます。

　色立体を作るときは，色相・明度・彩度スケールは知覚的等歩度を守って設定するべきであり，中央軸にくる中間色の灰色とのバランスを保つようにするべきであることを見てきました。どこの段階も三種類の路線が規則正しく配色をトレースできるような点となるように作られなくてはいけません。垂直路線は明度の配色変化のみが現れます。これは色相と彩度の変化がなく，どちらかというと単調ですが，規則正しい明度段階によるモノトーンの調和を見ることができます。外回り路線は隣接した色相の配色をトレースしていき，垂直路線よりは単調ではありませんが，それでも明度と彩度段階においてモノトーン状態になります。内側を抜ける路線は，中間の灰色がバランスを取っている彩度の配色を通って，反対色の色相へと突き抜ける配色であり，より眼に刺激的な配色をあらわします。

　もう一つのとても興味深い路線は，上記の三種類の典型的な路線すべてを組み合わせたもので，内側を抜ける代わりに，球体の外を回って通って反対色の色相にたどり着くものです（図12）。この路線を，この本でのキーカラーである黄色と青紫色を使って解説しましょう。この路線は黄色から青紫色まで，黄緑色，緑色，青緑色，青色を通過してぐるりと回りなが

ら，一段階ずつ彩度が弱くなり，明度が低くなりながら，連続した色相を振り子のようにたどっていきます。

この先細りの形の路線は次のように簡単に書き表せます。Y 8/7, GY 7/6, G 6/5, BG 5/4, B 4/3, PB 3/2。色相の連続はイニシャルによるシンボルY, GY, G, BG, B, PBで表します。この明度は分数の分子側の数値として表されています。8，7，6，5，4，3，同時に彩度の連続は分母側の数値にある7，6，5，4，3，2で表されます。これは色相の変化につれて，一定の明度と彩度の変化が見られる，連続する色彩においてそれぞれの色がもつ特有の性質を規定している一覧表になります。

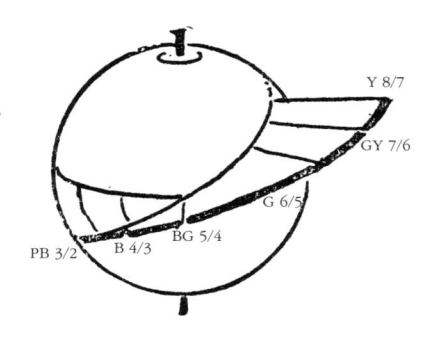

図12

自然はまるでこの連続配色の一部を成しているようです。黄色の花は，濃い緑色の葉と共にその下に青い影を映し，常に連続配色を繰り返します。黄色の花は，春には，もっと緑の濃い青色と，赤味の弱まった黄色を帯びて配色の範囲を狭め，秋には，範囲を広げ，YR（黄－赤色）とPB（紫－青色）の強い対比を繰り広げます。

日々，黄色の花は正午の光と影の明暗対比から，夕暮れに見分けるのがおぼつかなくなる暗さまで，この連続配色の明度の上で戯れているようです。この連続配色の彩度は，夏には強い色へと拡張し，冬には灰色へと収縮します。まさに同じ色を再び見せてくれない自然は，たゆみなく無作為に色相・明度・彩度の配色バランスをとりながら，色彩の調和を表記する源泉となってくれています。

色彩の面積範囲

ここまで学んできたように，力強い色の点は，大きな面積の弱い彩度の色とバランスをとるために使えます。例えば，強い赤紫色の点は，灰色がかった緑色の平面上で，より引き立って調和します。

ですから，女の子のドレスの首元につけられたアメジストのピンブローチは，ガウンと合わせると引き立ち，同じように麦わら帽子をかぶっても輝きます。しかし例えば，赤紫色のジャケットのように，強い色が大部分を占めると，私たちが追求する測定された調和が台無しになります。

　強い彩度の小さな点を使うことは，もし間隔を空けて繰り返すならば，リズムを作り出します。しかしリズミカルにするためには，繰り返しの強調が欠かせません。「似たような配色ユニットと違う部分との組みあわせの連なり」。このことはアクセントのない色相・明度・彩度の連なりと取り違えてはなりません。

　間隔を変えることで，すぐさま色彩の連続[カラー・シークエンス]の性質を変化させられます。色彩の連続のヴァリエーションはほとんど限りがありません。しかしマンセル表色系上では，配色効果の性質を簡単に表すことができ，さらに必要ならば記録して残すこともできます。

　色彩の間隔を選択するために，さまざまな長さの紙で覆いをする実験は，すぐさま想像をかきたてます。結果として，色立体のいろいろな路線を通過している連続配色が想像されます。色イメージはこれからずっと私たちの精神を補助する力となります。五つの中間色は，白色と黒色によって調節され，あるものは明るく，あるものは暗く，あるものはその中間，という明度のわずかな違いと色相の小さな差などの組み合わせによる，ほぼ無限の配色によって，連続配色の中で最も多くの種類をもたらすでしょう。

　理論的に想像する力がついてきたならば，色立体の存在は傍らに置かれるかもしれません。もう色彩について継続的に考えることができるでしょう。それぞれの色とは，それ自身がマンセル表色系での位置を示唆しながら最適な関係を生み出す配色グループの発見に向かう，それぞれの出発点として捉えられるかもしれません。

補遺 *

　マンセル表色系は，科学研究所で作られたのではなく，芸術家や教師の経験によって育まれ，発展してきたものだ。であるが，色彩に対する認知については，生理学，心理学および物理学にかかわることであり，それぞれの重要な点に関して諸科学分野における知見を参考にする必要がある。

生理学

　さまざまな色感覚を見分け，それにもとづいて行為を起こす機能は，眼の後ろについている。この色を判断する能力は，いくつかの要因によって動かされ，錯覚を引き起こすこともある。

　神経系が健康であるか疲労しているかは，色彩の判断に著しく影響する。加えて網膜のすこしの疲労さえも，好ましくない見間違いを引き起こす。例えば次のような錯覚が起きうる。鮮やかな深紅色の布を見ながらずっと針仕事をしていた母親がいた。彼女が赤ん坊の顔をちらっと窺うと，その顔がくっきりと蒼白く見えてしまい，死んだと勘違いして叫び声を上げたというケースである。赤ん坊の薔薇色の頬はすこしも変わっていなかったが，母親の疲れた眼には一時的に赤色がとらえられなくなり，機能していた二つの色知覚である緑色および青色によって，幽霊のように見える青緑の混合色だけが眼に映ったのである。もし，例えば布が鮮やかな青緑色だ

＊〔訳注〕この補遺は，マンセルの没後，ディーン・B・ジャッド，ケネス・L・ケリー，ウィリアム・ベック，ロレイン・フォーセットらによって執筆された。

ったならば，今度はこの母親は赤ん坊が熱を出したという反対の錯覚によって，同様に仰天したかもしれない。

　網膜の疲れによる効果は広い範囲にわたる。モネ，シスレー，ピサロや他の印象派画家の絵画のように，計算された視覚効果を狙った名作が残っている。

　色彩対比(コントラスト)はカラリストの技術のもうひとつの奥深い要素である。最も単純なものは，二色を隣り合わせにすると，これらの色をひとつひとつ別に見たときとは違って見えることである。より暗い方の色が実際よりも暗く見え，同時に明るい方の色はさらに明るく見えて，二色の差が広がるように見える。きれいに見えるにしろ，みにくくなるにしろ，二色それぞれが補色となって片方に色味をつけるように影響しあう。

　意識するにしろしないにしろ，色彩の有効な活用にはこの色彩対比現象は注意すべき要因である。

心理学

　幼児の色彩を知覚する力は，未熟である。子供は，最もわかりやすい違いだけに注目して，最も強い刺激を好む。多くの子供が明度の10段階および色相の20から35段階を簡単に表現できるにもかかわらず，5段階以上の彩度を表現するのには困難を覚えている。この興味深い特徴は心理学的に考察する価値がある。だが色覚は，訓練によってすぐに洗練されていき，それによって得た知覚の力によって，子供は想像力を満たそうと，ますますいろんな色彩表現を考え出したくなるのである。

　正常な色彩バランスを獲得する条件は，このような視覚的な満足感が基礎となっている。どんな刺激を使っても，眼は平衡感覚を取り戻すための努力と比例する力でバランスを求め，アンバランスに抵抗する。配色のバランスが保たれていることを，調和と呼ぶ。このバランスが崩れた状態を目ざわりに感じ，「なんと見苦しい」と訴える。このことは，私たちがけばけばしい広告看板に嫌悪感を抱くことを説明してくれる。けばけばしさは色彩の金切り声となって，私たちの網膜を襲っているのだ。

物理学——プリズム色立体（想像上での色光による虹色の色相・明度・彩度を理解する実験）

　太陽スペクトルと虹は，私たちにとってもっともワクワクする色彩体験である。ちょっと想像してみるだけで，着色した光線だけを照らした虹色のボールを思い描けるだろう。外から内部が丸見えになっている円筒形の部屋に，光線を照らし映せる巨大なシャボン玉のように透き通ったボールをぶらさげてみる。それから周囲の壁の適切な角度から，三色の光線，すなわち一つは赤色，もう一つは緑色，三番目には青紫色が射し込むようにする。

　三色の光線が三方向からボール表面上に当たり，光線は赤紫色も加えた完全な虹色スペクトルの中間グラデーションを作りながら色ボールの表面を彩るようになる。色の光線は色ボールを透過しながら，中間の色のバランスを保ちつつ重なり合う。純粋な白色は一番高いところにあり，さらに，想像上だが，色の光線は徐々に細くなり，下の暗闇の中で消失する。

　虹色の最も明るく光るところは黄緑色の細い縞部分で，より暗い赤色へ向かう側と，他方のより暗い緑色の中への側へと続き，さらにもっと暗い青色や青紫がその後につながっている。色のボール上で，白色に近い黄色の上のあたりがより高い明度となる。そこから次第に明度は赤色や緑色を横切りつつ徐々に下降して，赤道の近くを横断し，青色と紫色へ斜めに低くなりながら黒の方へとさらに暗くなる（図12も参照）。

　この明度の諧調は，反対側で赤道を横断しながら傾いた環を作りだすが，これは黄道もしくは土星の環を思い起こさせる。薄く見える虹色の環は白色の近くにあり，暗い虹色の環は下の方に落ちていく。その一方，激しく光り輝く彩度の高い虹色スペクトルが色ボールの表面からはるか遠くへと突き抜けてくる。いくつかの色相に見られる高い彩度を出すことが化学顔料・染料などの進歩によって可能になり，マンセル表色系の改訂にまつわる問題点となっている。

　マンセル表色系における虹色スペクトルの並び順をきちんと理解していただければと思う。科学的な基礎知識としてだけでなく，虹は色相の配列

によって表すことのできる，自然による色の演出がもたらす不動の手がかりなのだから。

色彩教育

　教師の技量の見せどころは，最も単純な箇所や，最も容易に理解できる箇所を探しあてるところにある。「簡単に開く扉」にとどまらず，「正しい扉」を探すときや，すんなりと飲み込んで通り過ぎたような気持ちで色彩の迷宮を歩いている生徒を導くとき，それによって生徒は安全に歩を進められる解決方法を見つけ，混乱しないようになる。

　もともと教師は，学生たちが演奏の音色を芸術的な才能でもって聞き分けられるものとしては，彼らの聴く耳を訓練しない。そういうことは，特別な英才教育学校で選ばれた少数の天才のためにのみ行う。だが，音を聞き分ける簡単な訓練はすべての学生に与えられるべきであるし，同じように，色彩の特質を見分ける簡単な訓練はすべての学生に与えられるべきものだ。

　学校カリキュラムを検討し，色彩授業には目的として次のようなものがあることが明らかになった。色彩を見分けることと記憶することの簡単な訓練からに始まって，装飾に見る色彩の特徴の演習，絵画構成，さらには名作の色づかいの解析へと渡っている。最後に挙げた目的は非常に野心的といえる。

　公立学校教育では，単純できちんとした眼の訓練に集中させたい。結果的に，日々関わる色彩をすばやく認識し，定義し，模倣し，なおかつ覚えられるようになる。

　一挙にいろんな考えや教えをつめこむのを控えるという大原則は，色彩教育にも等しく当てはまる。多くの未消化のことだらけになるよりも，ほんのすこしでもきちんと理解できたほうがよいのである。もしも生徒が色についての新しい事柄を発見するか，あるいはすくなくとも探すようにと促された場合，注意力が上がり，さまざまなことに斬新な実例を探し出す可能性がある。ときには，直感的な色彩感覚によって教師とクラスメート

たちを圧倒するような生徒がいることもある。また，形式上の色彩訓練がどれほどそのような天才を支援するか，もしくは妨げるかは微妙で深い疑問である。しかし，そのような例外はまれであり，系統的な色覚訓練がほとんどの人々に必要であることは証明されてきている。

　三次元立体の認知は，色彩感覚のように熟練を要する。また，各レッスンは最後まで完遂できる状態に単純化されなくてはならない。あまりダラダラと長くなるものにしてはならず，いくつかの確実な成果に結びつくべきである。学生たちが失敗したり落胆するのを避けるために，難しい問題はゆっくりと解説すべきである一方，ある程度の正確さを把らえ表現できるようなものとすべきである。

　仕事上の色彩計画は，芸術家が自然が生み出す効果を模倣するような情緒的な価値をも含み込んでいる。産業における色彩計画という広大な分野は，大部分があまりにも因襲的なものなので，色彩表象のヒントとなる考えはなにひとつ生まれない。確立した色彩の目盛り(スケール)や色彩の連続配色(シークエンス)の訓練で，生徒が自分にとっての問題を明確に理解し，努力して自分の限界を探るならば，しだいに素晴らしい色彩感覚が研ぎ澄まされてゆく。

　アウトドアの自然や室内のさまざまな環境は配色例を無限に示してくれる。鳥，花々，宝石，毎日使う品などのさまざまな色彩に意識的な関係を見出し，わかりやすく表現しようとするとき，新たな興味が湧いてくるのだ。

色彩の音叉

　色彩の美は調和関係に見ることができる。調和した音楽では極端な音の高低が奏でられないように，調和した配色でも極端な明度や彩度の差は使われない。耳を訓練するためには，最初に中声音域中の規則的な音階を聴かされる。であるから眼も，最初に色彩の中間色相に親しむべきである。

　いまや音楽の勉強の入門編として，正確な模倣とピアノの中声音域を耳にとどめさせる学習はどこでも採用されている。同様に，測色されてバラ

ンスがとれた五つの中間色相は，調和した色彩構成を学ぶためのやさしい第一歩となりえる。

　マンセル表色系は特別な器具によって測られ確立されたものさし(スケール)であり，すべてを比較し関連づけるときの元となる原色である赤色，黄色，緑色，青色および紫色という中間点を選び出すことができる。これら**五つの中間色**は，彩度と明度が等しく，色相だけが違っているから，色彩の音叉と名づけたい。だから，白色と黒色の両極，および色相がない状態（中間の無彩色）と強い色（つまり最強の彩度）の両極から等しい距離を見る際の起点になる。さらに五原色の価値を高めているのは，名作と呼ばれるものではこれらの中間色が大部分を占めているという事実である。例えば美術館で，人の手による豪華な絨毯，タペストリー，七宝焼や絵画に五原色や隣接色が使われているのが見て取れる。一方，見た目に彩度の強い赤色，黄色，青色が欠けているならば，その欠落によって目立つだろう。静かに調和した彩度の大面積に対して，強い色の小さなアクセントがある方がよい。

　色相の最大彩度を正しく評価するための手段として，理論的な意義としても実際的意義としても，調律された色彩がまず最初に認知され，模倣され，記憶されるべきである。

カラーアトラス

　19 15 年に，マンセルは色相，明度，彩度の視覚的ものさしを示す一連の図表『マンセル・カラーアトラス』を公刊した。この図表は色立体内のすべての色彩の位置と同じように，色立体の緯度と経度の視覚的な関係を確立する第一歩となった。1929 年には『マンセル・カラーアトラス』は，『マンセル・ブック・オブ・カラー』によって取って代わられた。後者の『ブック・オブ・カラー』はオリジナルのアトラスに倣って作られ，最新の，より強い耐久力を持つ色材の開発によって，すべてにわたって改良されている。それは，約 400 の正確に測った色を，色立体を用いた垂直，水平および同心のセクションによるスケールのチャートを固定することで示している。

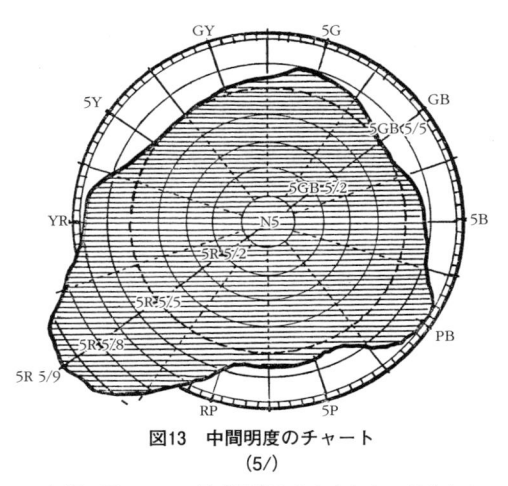

図13 中間明度のチャート
(5/)
色相の円において最高彩度がまちまちなのが分かる

　垂直の図表は，一定の色相における明度と彩度の目盛りを示す（図13）。
　水平の図表は，一定の明度における色相と彩度の目盛りを示す（図13）。
　同心の図表は，一定の彩度における色相と明度の目盛りを示す（図13）。
　アトラス（あるいは『ブック・オブ・カラー』）がどのように作られて，使われているかを理解するためには，分類しなくてはならないさまざまな色彩の絹織物や綿，あるいは紙のサンプルの膨大なコレクションがあって，そのそばにちょうど便利なファイル・キャビネットがあるのを想像してみるといいだろう。十個の引き出しの一番下から順に1から10番までの番号をふる。かなり暗めと思われる布や紙のサンプルは，下の方の引き出しに入れる。見かけが白色と黒色の中間の色は真ん中・5番の引き出しに入れていく，こうしてすべての色彩サンプルを適切な場所の引き出しに整理する。
　真ん中の引き出しには多くの色相のサンプルが入っていて，全部が中間明度の色相である。またそれらは分光器によって測定したら，赤色の出発点から黄色，緑色，青色，紫色，そして赤色へ戻るグラデーションの色相

環の上に配置されてゆくだろう。それから各色相に置かれたサンプルは，中心から放射状ラインを描くように，外側の端が最も強い彩度となって彩度別に類別される。それぞれの色相は，すべての色相のバランスを保つ要である中間の灰色へ向かうにつれ，しだいに灰色がかってくる（図13）。

　このようなものがカラーアトラスの**中央のチャート**である。明るいチャートは，ファイル・キャビネットの上側の引き出しの中身を示し，暗いチャートは黒色に近い下の引き出しの中身を表す。もしも垂直の棒でこのキャビネットの中心を突き抜いたとしたら，下の黒色から白色の頂上まで中間グレイのスケールを再現することができるだろう。この中間色スケールは光度計によって確立されたものであるから，ほとんどの出版された色彩のものさし(スケール)がそうであるようなコロコロ個人の気まぐれで変わるものではないのである。

測色のためのマンセル表色系（口絵４の解説）

　この立体的に描かれた図*は，測色および表記法のために，マンセル表色系によって使われた色を三次元で図に表したものである。

　第一番目の属性は色相で，真ん中の柱を取り囲んでいる数値の入った帯，もしくは赤道にあたるものである。スペクトルと同じ順序で赤色，黄赤色，黄色，黄緑色，緑色，青緑色，青色，青紫色，紫色，赤紫色というように，１０の色相に同じ距離ごとに割る。五原色と補色の一つである青緑色の色相がカラー印刷されている。他の中間色相は GY，PB，RP，YR の文字だけで表されている。

　第二番目の属性は明度で，中央の柱の上に書かれた数値である。すべての色相がなく中間の無彩色でできたこの柱は暗い方から明るい方まで規則的に分割されている。明度という属性は色彩の明るさ，もしくは暗さを測るものである。

＊ 文章およびオリジナルの彩色図面は T. M. クレランドによる。T. M. クレランド著『マンセル・カラー表色系の詳細解説』からの再録（本書口絵４参照）。

第三番目の属性は彩度で，中央の柱から赤道，あるいは赤道をさらに越えていく線上での目盛りの数値である（立体図参照）。彩度は，色彩の弱さ，もしくは強さを測る。赤色の彩度の目盛りと補色の色相である青緑色は，中間無彩色から最も強い彩度の外側まで，この場合には中間の明度の高さで示されている。赤色は青緑色よりもはるかに強い彩度を持っていることに着目してほしい。他の色相の彩度の輪郭線は点線で示されている。最大彩度の線はすべて明度スケールの他の段階とは違うかもしれない。例えば黄色は，中間の明度では弱い彩度であるが，より高い明度では最も強い彩度に到達する。

　色相の属性は，英語の単語もしくは単語のイニシャルで表記する。Green（緑色），Yellow-Red（黄色がかった赤色）など，もしくはG，Y-Rと表わす。

　明度の属性は，明度スケールの段階の番号によって表記する。分数の分子側に書かれ，以下のようになる。

$$5/$$

　彩度の属性は，彩度スケールの段階の番号によって表記する。分数の分母側に書かれて，以下のようになる。

$$/5$$

　例えば，図の最も右にある色は赤色で，明度は5/，彩度は/10，すなわちR 5/10として表記する。

論評

　理想的な表色系の構造は，基本的に単純で論理的であるべきだ。すべての色彩の要素が合わさり，実践での表し方が見出されたという検証された事実にもとづくべきである。単なる机上の空論では不十分である。人々の要望やニーズに応えるという意味で，単に実務に活用できるかどうかは，表色系を選ぶなかでふるいにかけられるに違いない。アルバート・H・マンセル氏によって考案された表色系は，それ自体が単純，なおかつ実践向きであることを証明した。矛盾した勝手な色名と混乱のなかから，マンセル氏が色彩理論の基本を組み立て，実に順序よく並べた業績は，素晴らしさと完璧な単純さによって私たちを驚嘆させている。
　二十世紀初めの物理学者数人を除くほとんどの一般人にとって，本書のなかの色彩の概念は，確かに目新しいものだった。であるが今，ほとんどの色彩書および記事には，以前からあたかも知っていたかのように，三属性，すなわち色相・明度・彩度について堂々と書いてある。色彩のものさしという考えは，世間，特に芸術の世界を驚かせた。音楽や建築のものさしは知られていたが，実際には，色彩のものさしが色彩構成のために分析的・創造的に使えるかという問題は未開拓で，まだまったく確立されるかもわからない。その後，装飾美術や表現芸術の産業分野で，正確な色彩の需要と認識はますます高まった。現代のパッケージデザインの領域はこの活用を通じて革新されてきた。
　マンセル氏が単純な色彩の視覚的な特性を実証してくれて初めて，物理学者マックスウェルの円盤を使った回転混色や画家の並置混色の関係を見

ることができた。黄色および青紫色の絵の具は，パレット上では緑色を作れるであろうが，しかし並んで配色された黄色と青紫色は，視覚的に緑色にはならない。この違いがマンセル氏のこの本をめくれば明らかになり，色彩の可能性の大きな世界が目前に拡がる。色相・明度・彩度のものさしにもとづいたマンセル氏の色彩調和と計画的配色の提案は，色彩による新しい芸術の扉を開いてくれる。薄暗い視覚の夜明けから，澄みわたった色彩認知の真昼へと移り変わる。理解しつつ色彩を感じることはこんな可能性を持つのである！

ミルトン・E・ボンド（デザイン・色彩学講師）

多くの人々は，マンセル表色系および『ブック・オブ・カラー』をA・H・マンセル氏の色彩学への主要な業績とみなしているが，しかしながら私はそうは思わない。マンセル氏の業績は，さらなる幾多の基礎研究に潜んでいる。色彩のための表記法を探し求めていたマンセル氏の『色彩の表記』はその結実であった。この改訂版は，これらすべてを非常に明瞭にし，また彼が考えていたことを彼の言葉で平明に表している。カラーアトラス（あるいはブック・オブ・カラー），マンセル・フォトメーター，色相環，その他の道具は，単にマンセル表色系を有効にする道具だったのである。

ドロシー・ニッカーソン（色彩技術者）

カラーグループ

グループ番号*	慣用色名	マンセルシステムの色彩表記による位置		
		色相範囲	明度範囲	彩度範囲
1	ピンク 　ライトピンク 　ペールピンク	RP-R (4RP-8R)	明るい (6.5/-8/)	弱い〜中等 (/1-/7.5)
2	ローズ 　ブライアーローズ 　オールドローズ 　ワイルドローズ	R (8RP-7R)	中間 (3/-6/)	中等 (/4-/7)
3	マルーン 　ボルドー 　クラレットレッド 　ガーネット 　ワインレッド	R (9RP-6R)	暗い (2/-3/)	中等 (/2-/6)
4	スカーレット	R (3R-7R)	中間 (3/-5/)	とても強い (/12-/18)
5	オレンジ	YR (10R-6YR)	中間 (5.5/-7/)	強い (/10-/14)
6	タン 　バフ 　サンド	YR (3YR-10YR)	中間〜明るい (4.5/-6.5/)	弱い〜中等 (/1-/4.5)
7	ブラウン 　アンバー 　オーバーン 　チェストナッツ 　チョコレート 　ココア 　ゴールデンブラウン 　ヘイゼル 　ラセット 　シールブラウン 　タバコ	YR (10R-10YR)	暗い〜中間 (1.8/-5.5/)	弱い〜中等 (/1-/6)

8	アイボリー バフ オールドアイボリー ストロー	Y (1Y-5Y)	明るい (7/-9/)	弱い (/1-/4)
9	レモンイエロー ゴールデンイエロー	Y (3Y-7Y)	明るい (6.5/-8.5/)	強い (/7-/12)
10	オリーブ オリーブドラブ	Y-GY (4Y-10Y)	暗い〜中間 (2.5/-4.5/)	弱い〜中等 (/2-/4)
11	ナイルグリーン アップルグリーン	GY (5GY-10GY)	明るい (7/-8.5/)	弱い〜中等 (/3-/6)
12	エメラルドグリーン ジェイド	G (10GY-5G)	暗い〜中間 (2.5/-5/)	強い (/7-/10)
13	ターコイズブルー ターコイズ	BG-B (5BG-2B)	中間〜明るい (5/-6.5/)	中等 (/3-/6)
14	スカイブルー ベイビーブルー ライトブルー	B (1B-8B)	明るい (6.5/-8.5/)	弱い〜中等 (/1-/6)
15	ロイヤルブルー ナショナルブルー	PB (4PB-7PB)	暗い (2/-3.5/)	強い (/8-/14)
16	ネイビーブルー ジェンダーム ミッドナイトブルー ネイビー セイラーブルー	PB (4PB-10PB)	暗い (2/-3.5/)	弱い〜中等 (/1-/5)
17	バイオレット	P (9PB-5P)	暗い (2.5/-4.5/)	中等〜強い (/5-/10)
18	ラベンダー ライラック モーブ	P (2P-7P)	中間〜明るい (4.5/-7/)	弱い〜中等 (/3-/8)
19	プラム プルーン	P-RP (5P-5RP)	暗い (2/-3.5/)	弱い〜中等 (/2-/5)

20	オーキッド	P-RP (5P-2RP)	中間～明るい (4.5/-7/)	弱い～中等 (/3-/8)
21	マゼンタ	RP (2RP-7RP)	暗い (2.5/-3.5/)	中等～強い (/6-/12)
22	黒色 　コールブラック	―	非常に暗い (0/-3/)	なし又は非常に弱い (/0-/1)
23	グレイ 　バトルシップグレイ 　ガンメタル 　アイアングレイ 　レッド（鉛色） 　パールグレイ 　シルバー 　スレート 　スモークグレイ 　スチールグレイ 　トープ	― 無彩色から色相へ多少の動きがある	暗い～明るい (3/-8/)	なし又は非常に弱い (/0-/1)
24	白色		非常に明るい (8/-10/)	無し又は非常に弱い (/0-/1)

＊ この色相グループ番号は，赤色－オレンジ色－黄色－緑色－青色－紫色－黒色－グレイ－白色の順に 1～24 の番号がつけられている。

慣用色名

　サンプル・カードやさまざまな資料から集めた 2000 以上の色名の研究によって，色名法は二種類に分けられるといえる。「ピンク色」「茶色」「オレンジ色」などの系統色名は，ある程度決まった色彩の範囲を伝統にもとづいて連想させる。一方では，多くの他の慣用色名がより最近できたものであり，これらの色彩を慣用的な色名として分類するには歴史がまだ浅いため，明確に定義された色として使われていない。

　色彩を学ぶ学生は，研究においては慣用色名の使用をできるかぎり避けるべきであろう。なぜなら慣用色名は特定の色ではなく，色彩の範囲を指しているにすぎないからである。三属性を認識・使用して初めて色彩を正確に理解でき，また例えば二つの「ピンク色」「茶色」などの二つの色の差を表すことができるのである。しかしながら，本書で述べたシンプルな色彩の表記法を学ぶ機会がなかった人々に対して色彩を伝えようとするときに，正確な色彩の表記と慣用色名の相関性を知っておくことは，ときに役に立つ。

　この理由から，最も一般的な色名中の 24 色についてを次のページに要説する。各色名は，もちろん，ある範囲の色を表し，これらの色の範囲は，その使い方によって大体はっきりと定義されている。各色グループの範囲の色名は，色グループ名のすぐ段落下に記してある。したがって，色彩用語の「ピンク色」（グループ番号 1 を参照）は，赤紫色から赤みの黄赤色にまたがる色相に属し，これらの色相のなかで高い明度で，中くらいの彩度をもった色彩にあてはまる。

この表を作成するときにもとづいた色名の研究から面白い事実を見出した。24色の色相グループによって，同じような色相を示すが，さまざまな色名がついているものもあれば，あまり色名がついていないものもある。例えば「ガーネット」色，「ボルドー」色，「クラレットレッド」色，および「ワインレッド」色は同じマルーン色の色相グループ内に位置するとわかった。このような色名を五十音順のリストにし，適切な色相グループが参照できるようにした。

五十音順色名リストおよび色相グループ番号

名前	グループ番号
アイアングレイ（Iron Gray）	23
アイボリー（Ivory）	8
オールド（Old）	8
青色，ベイビー（Blue, Baby）	14
ジェンダーム（Gendarme）	16
ライト（Light）	14
ミッドナイト（Midnight）	16
ナショナル（National）	15
ネイビー（Navy）	16
ロイヤル（Royal）	15
セイラー（Sailor）	16
スカイ（Sky）	14
ターコイズ（Turquoise）	13
アップルグリーン（Apple Green）	11
アンバー（Amber）	7
イエロー，ゴールデン（Yellow, Golden）	9
イエロー，レモン（Yellow, Lemon）	9
エメラルドグリーン（Emerald Green）	12
オーキッド（Orchid）	20
オーバーン（Auburn）	7
オリーブ（Olive）	10
オリーブドラブ（Olive Drab）	10
オールドアイボリー（Old Ivory）	8
オレンジ（Orange）	5
ガーネット（Garnet）	3
ガンメタル（Gunmetal）	23
クラレットレッド（Claret Red）	3
クリーム（Cream）	8
グリーン（Green）	11, 12
アップル（Apple）	11
エメラルド（Emerald）	12
ナイル（Nile）	11
黒色（Black）	22
黒色，コール（石墨色）(Black, Coal)	22

ココア（Cocoa）	7		ナイルグリーン（Nile Green）	11
ゴールデンブラウン（Golden Brown）	7		ナショナルブルー（National Blue）	15
ゴールデンイエロー（Golden Yellow）	9		ネイビー（Navy）	16
コールブラック（Coal Black）	22		ネイビーブルー（Navy Blue）	16

サンド（Sand）	6		灰色（Gray）	23
ジェイド（Jade）	12		バトルシップ（Battleship）	23
ジェンダームブルー（Gendarme Blue）			アイアン（Iron）	23
	16		パール（Pearl）	23
シルバー（銀色）（Silver）	23		スモーク（Smoke）	23
シールブラウン（Seal Brown）	7		スチール（Steel）	23
白色（White）	24		バイオレット（Violet）	17
チョーク（Chalk）	24		バトルシップグレイ（Battleship Gray）	
スノー（Snow）	24			23
スカイブルー（Sky Blue）	14		バフ（Buff）	6, 8
スカーレット（Scarlet）	4		パールグレイ（Pearl Gray）	23
スチールグレイ（Steel Gray）	23		ピンク（Pink）	1
ストロー（Straw）	8		ライト（Light）	1
スノーホワイト（Snow White）	24		ペール（Pale）	1
スモークグレイ（Smoke Gray）	23		ブライヤーローズ（Briar Rose）	2
スレート（Slate）	23		ブラウン（Brown）	7
セイラーブルー（Sailor Blue）	16		ゴールデン（Golden）	7
			シール（Seal）	7
ターコイズブルー（Turquoise Blue）	13		プラム（Plum）	19
タバコ（Tobacco）	7		プルーン（Prune）	19
タン（Tan）	6		ベイビーブルー（Baby Blue）	14
チェストナッツ（Chestnut）	7		ヘーゼル（Hazel）	7
チョークホワイト（Chalk White）	24		ペールピンク（Pale Pink）	1
チョコレート（Chocolate）	7		ボルドー（Bordeaux）	3
トープ（Taupe）	23			
			マゼンタ（Magenta）	21

マルーン（Maroon）	3
ミッドナイトブルー（Midnight Blue）	16
モーブ（Mauve）	18
ライトピンク（Light Pink）	1
ライトブルー（Light Blue）	14
ライラック（Lilac）	18
ラセット（Russet）	7
ラベンダー（Lavender）	18
レッド（鉛色）（Lead）	23
レッド，クラレット（Red, Claret）	3
レッド，ワイン（Red, Wine）	3
レモンイエロー（Lemon Yellow）	9
ロイヤルブルー（Royal Blue）	15
ローズ（Rose）	2
ブライアー（Briar）	2
オールド（Old）	2
ワイルド（Wild）	2
ワイルドローズ（Wild Rose）	2
ワインレッド（Wine Red）	3

マンセルの明度（Value）に対応する光の反射率表[*]

明度	光の反射率	明度	光の反射率	明度	光の反射率
0	0	3.3	7.96	6.7	38.86
0.1	0.12	3.4	8.471	6.8	40.23
0.2	0.237	3.5	9.003	6.9	41.63
0.3	0.352	3.6	9.557	7	43.06
0.4	0.467	3.7	10.134	7.1	44.52
0.5	0.581	3.8	10.734	7.2	46.02
0.6	0.699	3.9	11.355	7.3	47.54
0.7	0.819	4	12.001	7.4	49.09
0.8	0.943	4.1	12.66	7.5	50.68
0.9	1.074	4.2	13.35	7.6	52.3
1	1.21	4.3	14.07	7.7	53.94
1.1	1.353	4.4	14.81	7.8	55.63
1.2	1.505	4.5	15.57	7.9	57.35
1.3	1.667	4.6	16.37	8	59.1
1.4	1.838	4.7	17.18	8.1	60.88
1.5	2.021	4.8	18.02	8.2	62.71
1.6	2.216	4.9	18.88	8.3	64.57
1.7	2.422	5	19.77	8.4	66.46
1.8	2.642	5.1	20.68	8.5	68.4
1.9	2.877	5.2	21.62	8.6	70.37
2	3.126	5.3	22.58	8.7	72.38
2.1	3.391	5.4	23.57	8.8	74.44
2.2	3.671	5.5	24.58	8.9	76.53
2.3	3.968	5.6	25.62	9	78.66
2.4	4.282	5.7	26.69	9.1	80.84
2.5	4.614	5.8	27.78	9.2	83.07
2.6	4.964	5.9	28.9	9.3	85.33
2.7	5.332	6	30.05	9.4	87.65
2.8	5.72	6.1	31.23	9.5	90.01
2.9	6.128	6.2	32.43	9.6	92.42
3	6.555	6.3	33.66	9.7	94.88
3.1	7.002	6.4	34.92	9.8	97.39
3.2	7.471	6.5	36.2	9.9	99.95
		6.6	37.52	10	102.57

[*] この表は，1943年以前に公刊された同様のマンセル明度表を改訂したもの。

マンセルによる色彩用語集

明るい色（light color）
高い明度の色，特に明度スケール上で上から3段目のなかにあるかそこに隣接する色。「明度」を参照。

暗度・濁度・色合い（shade）
1. 有彩色の絵の具と黒色の絵の具を混ぜたとき，あるいは有彩色の染料と黒色の染料を混合したときに生まれる色。
2. 影。「濃淡」を参照。

色，色彩（color）
黒色，白色，赤色，黄色，緑色，青色，紫色のように眼で見た色すべてを指す。物の形は，物の色と色の間の対比，または物の色と背景の色の対比によってのみ認識される。色には，光線による網膜および脳への刺激が伴う。「有彩色」「無彩色」を参照。

可視スペクトル（visible spectrum）
光線をガラスのプリズムに通して生じる結果。この手段によって，光は次第に波長が増していく色彩の縞へと分解される。眼には，徐々に変わる色相と非常に強い彩度を持った色彩の縞とし

て映る。「光」を参照。

カラースケール（color scale）
他の二属性が一定な状態で，一つの属性の規則的な変化やグラデーションに沿って示される色のシリーズ。例えば明度スケールは，黒色から白色に等間隔で進む（「明度スケール」を参照）。彩度スケールは，無彩色の灰色から強い色へ等間隔で進む（「彩度」を参照）。色相環は，等間隔に置かれた色相によるものさし（「色相環」を参照）。さらに「色彩の属性」を参照。

カラーチャート（color chart）
一連のカラーチャート（カラースケールを参照）。色彩の三属性のうち二つが規則的なやり方で並べられ，一方，残りの三番目の属性は一定のままの表。「色彩の属性」を参照。

カラードミナンス（color dominance）
色彩計画で，ある一つの色相が支配的になる状態。カラードミナンスを意図的に使うことによって，勇気，閃き，豊饒，真実，高貴さなどの異なる雰囲気を醸し出すことができる。カラード

ミナンスを活用するには，カラーバランスを学習する以外に訓練方法はない。「カラーバランス」を参照。

カラーバランス（color balance）
1. その最も広い意味では，カラーバランスとは，美しい色彩計画によって与えられるバランスや連続性，なじんだ感じを指す審美的な用語。
2. もっと限られた意味では，色彩計画が灰色として現れる物理的バランスのこと。この場合は，色彩計画のなかの色の割合は円盤上で組み立てられる。これらの各部分の面積は，色彩計画のなかの各色の割合に比例する。円盤を回転させ，混ざって円盤が無彩色灰色になれば，色彩計画はバランスがとれているとなる。

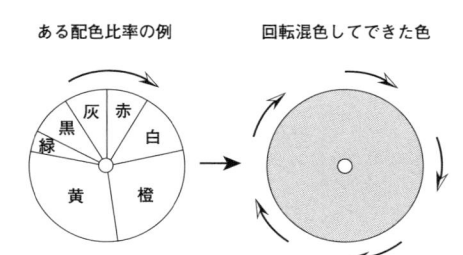

図：回転円盤上の配色比率によるカラーバランス

回転混色させた時，無彩色に近づく比率であればあるほど良い配色とマンセルは主張した。

　経験を積めば，目で大体は物理的なカラーバランスを予測できる。まさに音楽における調和を学習し訓練することが人の経験を高めて技術を向上させるように，カラーバランスの学習と訓練は人の経験を豊かにし，色彩の活用技術を改善するだろう。こういった学習と訓練はカラーバランスに限らず，カラードミナンスの研究につながる基礎にもなる。「カラードミナンス」を参照。

寒色（cool colors）
青緑色，青色，青紫色。「暖色」を参照。

基本明度レベル（home value level）
ある特定の等色相面上の最高彩度の到達する部分の明度レベル。基本明度レベルは色相によって異なる。すなわち黄色では，基本明度レベルは第8レベルにあり，緑色では第5レベルにある。また青紫色では第3のレベルにある。さらに「基本」明度レベルは，色材によっても異なる。「最大の色」を参照。

暗い色（dark color）
明度の低い色で，明度スケールでは下から三番目以下のもの。

黒色（black）
通常1もしくは1.5の明度にあたる非常に低い明度の無彩色。「絶対的な黒

色」を参照。さらに「慣用色名」の表を参照。

原色（一次色）(primary colors)
原色とは，混色する上で本質的に他の色より必要であると考えられる色。光の原色，色材混合の原色，心理原色，以上三種類の原色がある。

最大色（maximum color）
色相によって特有の明度レベル（すなわち「基本」明度レベル）が異なるという問題点を抱えた上での非常に強い彩度の色（基本明度レベルを参照）。総じて，黄色は第8の明度レベルが最大色であり，紫青色の場合は第3の明度レベルが最大色となる。色相によって最大色が変化する理由は，物理的特性や色材の本来持つ複雑さにあるのではなく，眼および脳のメカニズムの知覚におけるユニークな調節によるものである。

　単語「最大」は，ある特定の色材で作ることができる全色相で最も強い色を指す相対的な用語である。したがって一つの色相中の最大の色は，異なる色材によって変わる可能性がある。マンセルチャートに示された最大限は，油性インクの概ね最も耐久性のある色が最大限の一つの段階を表している。印刷インクは，別の最大段階を表わし，また油絵の具，染料，セラミックスなどにおけるさらなる最大限の段階がある。

彩度（chroma）
有彩色の強さもしくは弱さ。彩度を表すには，色が「弱い」「中くらい」あるいは「強い」と示す。同義語：サチュレーション，インテンシティ（純度）。「有彩色」を参照。

色覚障碍（color blindness）
色相と彩度を適切に識別する能力がない状態。先天的な場合と，眼の傷による場合がある。

色彩の描写（color description）
言葉を使った色彩の描写。どんな色彩の単純な形容にも，語彙は14の単語もあれば十分である。色相は，単独もしくはいずれかと合わせて使用される五単語（「赤色」「黄色」「緑色」「青色」「紫色」）によって理解できる（「主要な色相」を参照）。「黒色」「灰色」および「白色」は色相と彩度がない場合に使われる。明度は，「暗い」「中間」「明るい」という三単語で理解される。彩度は，「弱い」「中くらい」「強い」という三単語で理解される。明度を示す単語を最初に，彩度を示す単語を二番目に，色相を表す単語を三

番目に置くことで，例えば「暗く中くらいの彩度の赤色」（つまりえび茶色）と形容できる。

色彩の属性（color dimensions）
色相，明度および彩度。箱を長さ，幅，高さの三次元で正確に示すのと同じくらい簡単に，色彩の三属性はどんな色も形容する。同義語＝色彩の特質。「色，色彩」を参照。

色彩の表記（color notation）
色相／明度／彩度の順に，シンボルと数字を使った，正確で特定できる色彩の表記。例えば，典型的なマルーン色は「5R 3/4」のように記す。色相，明度，彩度の各表記を参照。さらに「色彩の描写」を参照。

色相（hue）
他の色相との際立つ違いを示す特性をもつ有彩色。スペクトル中やスペクトルの両端の間で見られる。色相として各色は赤色，黄色，緑色，青色あるいは紫色と描写される。さらに「有彩色」を参照。

色相円（hue circuit）
等歩度の段階をもつ色相のシリーズを表す。明度と彩度は必ずしも一定とは限らない。「色相環」を参照。

色相環（hue circle）
一定の明度と彩度である上，眼で見て等間隔，等歩度の段階をもつ色相のシリーズを表す。「色相円」を参照。

色料の原色
（pigment-mixture primaries）
赤色の色料，黄色の色料，および紫青色の色料。三つの絵の具，あるいは三つの染料を混合することによって，相当数の色を作り出すことができると仮定されている。実際は三つ以上を混ぜなくてはならない。例えば，二種類の同じ色相の絵の具を混ぜることは，他の色相の絵の具と混ぜた場合と，非常に異なった作用を示す。このような不明瞭さは，絵の具層の内の光の吸収度合い，および絵の具粒子の大きさの差による。

　色料の原色は，絵の具の混色結果を見る上で重要である。しかしながら，眼で見たままの色を描写するために色料の原色を使おうとする場合，誤解が生まれやすい。

主要色相（major hues）
五つの第一色相，および五つの中間色相で構成された十色相（第一色相，中間色相を参照）。十進法は非常に便利ではあるが，そのために十という数を選んだのではなく，眼で見て色相の位

置が相互に等距離になるので，これら十色相が選ばれた。さらに「色相」を参照。

白色（white）
非常に高い明度の無彩色で，通常は第9明度レベルの近くにある。絶対白色を参照。さらに慣用色名を参照。

心理原色（psychological primaries）
黒色と白色，黄色と青紫色，赤色と緑色。クリスティン・ラッド＝フランクリン博士は，眼ははじめは無彩色（achromatic colors）のみを見ているという非常に合理的な仮説を提案した（「無彩色」を参照）。より複雑になった眼は，無彩色に加えて黄色と青紫色を見るようになり，さらに完全に発達した視覚において，黄色を見る能力が分かれ，赤色および緑色を見る能力になる。

　フランクリン博士の理論は，どうやって赤色と緑色が表れるかをこの方法で説明した（赤色と青紫色は一連の赤みがかった青色もしくは紫色を生む）。一連の赤みがかった緑色が生まれるかわりに，適切な割合で色が混ざると黄色が生まれる。また同じ方法によって，黄色と青紫色は白色を生む。「原色」を参照。

純粋な虹の色（スペクトル）（spectrally pure color）
純粋なスペクトル光によって起こる色知覚（すなわち虹のなかのいくつかの波長の色から起こる）。「可視スペクトル」を参照。

絶対黒色（absolute black）
最も明度の低い色。色相も彩度も持たない。ビロードを敷きつめた箱に小さな穴を開けて，中を覗けば絶対黒色に最も近い状態になる。「黒色」を参照。

絶対白色（absolute white）
最も明度の高い色。色相も彩度も持たない。精製した酸化マグネシウムの塊を見るときが視覚的に絶対白色に最も近い状態になる。「白色」を参照。

第一色相（primary hues）
赤色，黄色，緑色，青色，紫色。これらは五という数字になるから選ばれたのではなく，色相の中で視覚的に相互に等距離なために選ばれたもの。

色相	シンボル	マンセル記号
赤色	R	5R
黄色	Y	5Y
緑色	G	5G
青色	B	5B
紫色	P	5P

「中間色相」「主要色相」「色相」を

参照。

第二中間色相

(second intermediate hues)
十の主要色相それぞれの間の中間点として視覚的に区別できる色相。

色相	シンボル	マンセル記号
赤黄赤色	R-YR	10R
黄赤黄色	YR-Y	10YR
黄緑黄色	Y-GY	10Y
緑黄緑色	GY-G	10GY
緑青緑色	G-BG	10G
青緑青色	BG-B	10BG
青紫青色	B-PB	10B
紫青紫色	PB-P	10PB
紫赤紫色	P-RP	10P
赤紫赤色	RP-R	10RP

「主要色相」「色相」を参照。

暖色 (warm colors)

赤色，黄赤色，黄色。「寒色」を参照。

中位彩度色 (moderate color)

マンセル・カラーチャート上で，彩度スケールの第4～第6段階の近くで見られる中位彩度の色。

中間色相 (intermediate hues)

黄赤色，緑黄色，青緑色，青紫色，赤紫色。これらの五つの色相は，五つの原色のそれぞれの中間点と見てわかる位置に置かれる。

色相	シンボル	マンセル記号
黄赤色	YR	5YR
緑黄色	GY	5GY
青緑色	BG	5BG
紫青色	PB	5PB
赤紫色	RP	5RP

「原色」「色相」「主要な色相」を参照。

中間明度色 (middle color)

中くらいの明度の色として，明度スケール中で中間の第3段階かそこに隣接する段階にある色。「中位彩度色」の項の定義にあるように，単語「中間」は単語「中位」と区別されるべきである。

強い色 (strong color)

彩度の高いはっきりした色で，彩度段階の第7～10段階の近くにある。さらに高い彩度の色彩は「非常に強い色」と表せるだろう。「彩度」を参照。

特殊中間色相

(special intermediate hues)
主要色相，中間色相，あるいは第二中間色相に分類されないすべての色相。以下のリストは，赤色グループ中の特殊中間色相と，主要色相および第二中間色相との関係を示している。「色相」

を参照。

マンセル記号	分類	色相
10RP	第二中間色相	赤紫赤色
1R	特殊中間色相	
2R	特殊中間色相	
3R	特殊中間色相	
4R	特殊中間色相	
5R	主要色相	赤色
6R	特殊中間色相	
7R	特殊中間色相	
8R	特殊中間色相	
9R	特殊中間色相	
10R	第二中間色相	赤黄赤色

濃淡（tint）
1．有彩色の絵の具と白色の絵の具を混ぜ合わせたときに生まれる色。
2．少量の絵の具もしくは染料を白い紙か白い布の表面に置いたときに生まれる色。「暗度・濁度・色合い」を参照。

灰色・グレイ（gray）
1．色相と彩度を持たない色。すなわち無彩色（無彩色を参照）。明確に表すことが必要な場合，この灰色は無彩色の灰色と表す。
2．慣例的に，灰色は黒色と白色の間の色で，0からおよそ1段階程度までの彩度を持つ。「慣用色名」を参照。

反射要因（reflection factor）
ある一つの色サンプルが反射した光の割合。「明度」を参照。

光（light）
1．太陽のような光源から放たれる光線の可視部分により，網膜の刺激によって神経伝達され，視神経および脳の中で起こされるもの。
2．色彩を起こさせる視感エネルギー。
3．エネルギーと視感度との積。

光の原色（light primaries）
光のスペクトル中の三本の純粋な光線。これらの色を混ぜ合わせることによって，他の多くの色を見ることができる。頻繁に使用される三つの波長は，一般に色相 RP-R，GYG および PBP に対応する，650 nm，550 nm および 460 nm の光。「原色」を参照。

補色（complementary color）
最も大きく異なる二つの色相。

無彩色（neutral colors）
色相と彩度の完全な欠如によって特徴づけられる色。純黒色，純白色とその間に位置する純粋な灰色。「色，色彩」および「有彩色」を参照。

明度（value）

すべての色の明るさ，もしくは暗さのこと。明度では，すべての色を「暗い」「中間的」「明るい」と表す。明度の同意語として他に普遍的に認められている用語はない。限られた意味で使われている用語には，次のものがある。明るさ，光輝，輝度。

明度スケール（value scale）

絶対黒色と絶対白色の間に視覚上等間隔に置かれた無彩色のシリーズ。改訂マンセル明度スケールは，七名の経験を積んだ観察者によって得られた平均的な結果を示している。59頁の表は，明度と反射要因の関係を示す。
参考文献：Journal Optical Society of America, vol.33, No.7, page 406, July, 1943.

明度レベル（value level）

色立体の水平方向での断面で，色がすべて同じ明度の状態。「色球」および「色彩の樹」を参照。

有彩色*（chromatic colors）

すべての無彩色以外の色を意味する（無彩色を参照）。色相と彩度の両方の属性を持つことによって特徴づけられる。さらに「色，色彩」を参照。

弱い色（weak color）

彩度の低い色で，彩度段階の第2～3段階の近くにある。「彩度」を参照。

---

* 色，カラーという単語を有彩色という意味にも使う。色覚障碍（color blindness），カラー写真あるいはカラープリントのような用語に使われる「カラー」の意味は，有彩色の写真，プリント，色知覚の場合である。

表色系と色彩教育課程

色立体とチャートにもとづく義務教育・就学年齢9年間への対応

学年	課題	色	図版	応用課題	素材
1	色相	赤，黄，緑，青，紫	自然と芸術作品	ボーダーとロゼット文様	クレヨンと紙
2	色相	赤黄，黄緑，緑青，青紫，赤紫	自然と芸術作品	ボーダーとロゼット文様	クレヨンと紙
3	明度	高明度，中明度，低明度の赤，黄，緑，青，紫	自然と芸術作品	デザイン	小面積
4	明度	五段階の明度の赤黄，黄緑，緑青，青紫，赤紫	自然と芸術作品	デザイン	チャート
5	彩度	三段階の彩度の 5R, 5Y, 5G, 5B, 5P	自然と芸術作品	デザイン	チャート
6	彩度	三段階の彩度の 5YR, 5GY, 5BG, 5PB, 5RP 三段階の彩度の R9 と R1, Y9 と Y1, G9 と G1, B9 と B1, P9 と P1	自然と芸術作品	デザイン	大面積
7	色を色相・明度・彩度に応じて観察・模倣・筆記		絵画		
8	色の量。同じ面積と違う面積の二色配色。色相，明度，彩度に従ったバランス。		絵画		
9	色の量。同じ面積と違う面積の三色配色。色相，明度，彩度に従ったバランス。		絵画		

Copyright, 1904, by A. H. Munsell

訳者解説

　色をどのように他人に正確に伝えるか、これが『色彩の表記』の焦点である。色を表す方法には古くから歴史があるが、これは言語や文化、教育などによって大きく左右される。本書『色彩の表記』は、色の三属性を使った表記と伝え方を理論化し、解説した。二十世紀の色彩学において、ニュートンの『光学』、ゲーテの『色彩論』に並ぶ、記念碑的著作といえる。

マンセル表色系が生まれた社会背景

　二十世紀初め、『色彩の表記』を生み出す母体となった時代は、どのようなあり様だったのか。十八世紀にイギリスから始まった産業革命は、工業化・大量生産消費社会を世界中に推し進めていった。並行してイギリスは植民地政策によって、より安い人件費と材料を求めて海外での工業生産を展開していった。工業化・植民地化で避けられない問題は、母国イギリス人が求めるあるデザインなり色彩なりを、言葉も文化も異なる外国人労働者たちに正確に伝達し、作らせることである。このコミュニケーション手段を確立するために、十九世紀全般を通じ、数々の色彩理論、配色法、色見本（色票・カラーチャート）が提案された。にもかかわらず、国際的に普遍性の高い色彩の表記はなかなか生まれなかった。例えば、色の名前。これは、最も一般的なコミュニケーション手段にもかかわらず、言語や個人差、教育・文化などによってそのイメージする色に常にずれが生じる。本書ではスティーブンソンの手紙を引き合いに出し、色の名前の恣意性を示している。この差異を乗り越えて、色を共通の認識で伝えあうために、一般言語とは別のシステム、表色系が必須とアメリカ人マンセルは考えた。

マンセルの生い立ち

アルバート・ヘンリー・マンセル（1858-1918）は，1858年1月6日，ピアノ製造業の父ルークと，母マーガレット・アンのもと，マサチューセッツ州ボストンに生まれた。パリとローマに留学後，ボストンで美術教師をしつつ肖像画家として活動した。1894年にジュリエット・オーと結婚。その後，長男アレクサンダー・エクトー・オー（Alexander Ector Orr），長女マーガレット，次女ジュリエット・ダウズ，三女エリザベスの一男三女をもうけた。1918年，マサチューセッツ州ブルックラインで死去した。代表作は，『色彩の表記 A Color Notation』（1905）『色彩の基本（A Grammar of Color）』（1921，没後に刊行）『マンセル・ブック・オブ・カラー Munsell Book of Color』（1929，没後に刊行。子息A. E. O. マンセル二世が編纂）マンセル表色系の代表的な色票は，『マンセル・ブック・オブ・カラー』であり，後に『マンセル・カラーアトラス』と改名した。

アルバート・H・マンセル

マンセルは1905年に本書『色彩の表記』を刊行した。正式な題名は，*"A Color Notation: A Measured Color System, Based on the Three Qualities Hue, Value, Chroma with Illustrative Models, Charts, and a Course of Study Arranged for Teachers"*。十九世紀頃から二十世紀初めに出た本には，クドい副題がつけられることが多く，本書も例外ではなかった。

マンセルはこの本で，色相・明度・彩度という三つの尺度から色を表すという，色彩を明確に表記する方法を解説した。マンセルによって生み出された色彩の表記法を，1943年にアメリカ光学会（OSA）が修正したものが，今の『修正マンセル表色系』である。表色系（カラーオーダーシステム）とは，色を定量的に表現することであり，マンセル表色系は，顕色系と呼ばれて分類される。A. E. O. マンセル二世の序文と論

評で名前が現れる物理学者ドロシー・ニッカーソンが，マンセル表色系の正確さの向上と普及に大きく貢献した。

　マンセル表色系に影響を与えた重要人物は二人いる。一人目がイギリス人物理学者ジェイムズ・クラーク・マックスウェルで，濃淡 tint，色合い shade，色相 hue という三属性を紹介し，マックスウェルの回転混色の実験は，本書で簡単に説明されている補色（反対色）を回転させることで灰色を作ることや配色の比率などに応用されている。二人目は，アメリカ人物理学者オグデン・ニコラス・ルードで，著書『現代色彩学 Modern Chromatics』（1879）はマンセルの表色系作りを触発した。ルードは著書の中で，色相環を提唱し，純度 purity，輝度 luminosity，色相 hue という三属性を紹介している。

　日本では，日本工業規格 (JIS) が『修正マンセル表色系』を『JIS 標準色票』（1958）として発行，デザインの色彩計画に幅広く応用されている。さらに，財団法人日本色彩研究所 P. C. C. S（日本色研配色体系）表色系（1964）の基礎となっている。これはマンセルの明度と彩度を合わせた概念である「トーン」を提唱し，より配色に即した表色系となっている。

色名の曖昧さとのはざまから

　色の名前は，系統色名と慣用色名の二つに分けられるが，実際日常会話では，系統色名も慣用色名も厳密に区別されずにごちゃまぜに使われてしまうことが多い。マンセルは色の名前で色を正確に伝えようとする状態を「カオス・混沌」となぞらえている。

　第一に，赤色，黄色，緑色，などは系統色名（基本色彩語）である。

　第二に，慣用色名（伝統色名）とは，例えば御納戸色，山吹色，セルリアンブルーなどである。

　系統色名はコミュニケーション手段として一定の普遍性を持つが，比べて慣用色名はその色を頭に思い浮かべる人によって，まちまちの結果をもたらしてしまう。慣用色名は，文学的な想像力をゆさぶり，詩的な情趣を持つが，産業やデザインで正確に色を伝えあう手段としては不向きである。

　その点，産業やデザインでいま，一般的に使われているマンセル記号

は画期的な色のものさしだったのである。

三属性とマンセル記号をわかりやすく見る方法
　では，この三属性と記号を簡単に振り返ろう。色相（Hue）は色の色み，明度（Value）は色の明るさ，彩度（Chroma）は色の鮮やかさである。
　マンセル記号は，H V/C（色相　明度／彩度）の順に書き表し，例えば 5R 5/5 は，5 アール 5 の 5 と読む。また，彩度 0 を無彩色と言い，N9.0（白）や N1.0（黒）のように N と明度で表す。黒から白までの色の明るさ・暗さの度合を示し，理想的な黒を 0，理想的な白を 10 とし，中間の灰色を 5 とし，この 5 はすべての有彩色の中間の明度を示す。マンセル表色系の特徴は，三属性のどの尺度でも，隣り合った色同士の差が視覚的に均等に見えるようにできている「知覚的等歩度性」にある。

マンセル表色系の改訂
　1905 年に刊行された『色彩の表記』の初版は，断章形式で書かれていて読みづらい。この形式はゲーテの『色彩論』（1810）にも見られ，十九世紀に人気のあった文章形式である。マンセルの死後，息子アレクサンダーがマンセルの文章や内容を保持しながらも，形式を大幅改訂し叙述形式に改めた。緒方康二氏の調査によれば，1936 年第 8 版と 1961 年第 11 版でページ数が大幅に削られている。今回，底本には現代人でも読みやすいように編集されている 1967 年第 12 版の普及版を使用し，参考文献として 1905 年初版，1916 年第 4 版と 1936 年第 8 版を用いている。
　マンセル表色系は，『マンセル・ブック・オブ・カラー』を通じて，幾度も改訂を重ねてきた。一番オリジナルなマンセル表色系を三次元に立体化しようとすると，ある問題に突き当たる。色が持つ特徴と絵の具や染料の性質である。例えば，彩度の高い黄色の明度は高く，彩度の高い青や紫色の明度は低いというようなことである。この点に忠実に立体化しようとすると，斜めに歪んだ岩の塊のような形になってしまい，マンセルが当初，文章や絵にして追い求めた地球儀のようにきれいな球形の色立体として表現できない。

色を音のように

ニュートンがプリズムを使って光を虹に分ける実験をしたとき,虹の七色にドレミファソラシの七つの音階を当てはめた。色の調和と音の調和が関連,連動している,という見方は,ニュートンの著作『光学』(1704) から広く普及し,西欧社会で信じられてきた。実は,色と音の間に,心理学でいうところの共感覚的関係があるか否かは証明されきっていない。だが,色と音の相関関係を信じる者は多く,二十世紀初め,色と音楽の調和を融合させようと試みた実験的芸術作品が多く生まれた。

マンセルは色を音符のように表記しようと目指していた。さらに,チャート上に色彩の表記の連続を表すことで,あたかも楽譜上の和音のように色の調和も表記しようと試みている。

美術教育者に向けて

本書は当初,美術教育者に向けた書籍であった。マンセルの美術教育者の姿勢として,本書には子供でも三属性がわかるように伝えよう,という思いやりが注がれている。手,ミカン,地球儀などの挿絵や解説は非常にわかりやすい。義務教育年齢の生徒にどのレベルの知識と教材や課題を与えればよいか,という提案チャートも色彩を教える立場の者には役立つ。版によっては,折りこみ付録として,貼りつけ式の三属性チャートがついているものもある。

三属性の解説の斬新さとわかりやすさに比べ,後半のマンセルの配色理論は,残念ながら高い評価を得なかった。マンセルの勧める配色は面積比率と回転混色に依存し,近代美術の観点からすれば無難な傾向があり,同時に多少強制的な姿勢もあり,これらの点がマンセルへの批判を買っていた。だが果たして,優れた配色が数量的に伝達できるかどうかは二十一世紀の現代でもまだ答えは出ていない問題であり,マンセルは時代を先取りしていた,と言えるかもしれない。

今日の社会で

二十一世紀,グローバル化・情報化社会といわれて久しい。グローバル化が進むにつれ,人と人の間の理解の垣根を取り除くためのコミュニケーション手段が一層求められるはずである。『色彩の表記』は,色と

いう誰もが日常的に眼にするものに属性，またはものさし（色み，明るさ，鮮やかさ）を付けることができること，その記号化した表記がコミュニケーション手段となりうることを，国際的に共通理解させた先駆的作品なのである。

　色彩学の古典である本書『色彩の表記』の邦訳を勧めてくださっただけでなく，色彩を研究しつづけること自体をさまざまな機会に励まし支えてくださった文化女子大学名誉教授・元図書館長北畠耀氏にまず深謝申し上げる。次に，『色彩の表記』の再版と改訂について詳しくご教示くださった夙川学院短期大学名誉教授緒方康二氏に感謝する。そして，美術を目指す私を忍耐強く見守る両親に感謝する。なお本書の出版にあたり，翻訳書を初めて出す不案内な私を，的確な質問と提案のキャッチボールで気持ちよく親切に導いてくださったみすず書房の編集者小川純子氏に心からのお礼を申し上げる。

　　　　　　　　　　　　2009年6月1日月曜，私の誕生日に

著者略歴

(Albert Henry Munsell, 1858-1918)

1858年ボストンに生まれる．画家・美術教育家．マサチューセッツ州立美術師範学校（Massachusetts State Normal Art School）で油絵を学ぶ．美術教師として教鞭をとりながら，肖像画家として活動．色彩が表す効果に強い関心を抱き，色の研究を始める．色を定量的に表記するには三属性（明度，色相，彩度）による測定が有効なことを見出し，その研究の成果を1905年に『色彩の表記』（本書）として出版．「マンセル表色系」を体系化するべく，さまざまな実験・検証を重ねながら本の改訂をしつづけ，1918年にはマンセル・カラー社を創立した．その他の著書に『色彩の基本』（*A Grammar of Color*）（1921，没後に出版）『マンセル・ブック・オブ・カラー』（*Munsell Book of Color*）（1929，没後に子息が編纂・出版）がある．

訳者略歴

日髙杏子〈ひだか・きょうこ〉 1970年東京都に生まれる．ニューヨーク大学教育学部美術専攻卒業．国際ロータリー財団奨学生として英国の王立芸術大学・修士課程に留学．東京芸術大学大学院造形理論（色彩学）専攻，博士後期課程修了．現在，多摩美術大学非常勤講師．専門，色彩論（特に英米文化圏の色見本と表記によるコミュニケーションについて）．日本色彩学会所属．

アルバート・H・マンセル
色彩の表記
日髙杏子訳

2009 年 8 月 20 日　第 1 刷発行
2016 年 3 月 10 日　第 4 刷発行

発行所　株式会社 みすず書房
〒113-0033 東京都文京区本郷 5 丁目 32-21
電話 03-3814-0131（営業） 03-3815-9181（編集）
http://www.msz.co.jp

本文組版　キャップス
本文・口絵印刷所　中央精版印刷
扉・表紙・カバー印刷所　リヒトプランニング
製本所　中央精版印刷

© 2009 in Japan by Misuzu Shobo
Printed in Japan
ISBN 978-4-622-07487-8
［しきさいのひょうき］
落丁・乱丁本はお取替えいたします

ファンタジア	B. ムナーリ 萱野有美訳	2400
モノからモノが生まれる	B. ムナーリ 萱野有美訳	3600
芸術家とデザイナー	B. ムナーリ 萱野有美訳	2800
プロジェクトとパッション	E. マーリ 田代かおる訳	3000
シャルロット・ペリアン自伝	北代美和子訳	5400
モダン・デザインの展開 モリスからグロピウスまで	N. ペヴスナー 白石博三訳	4300
芸術の意味	H. リード 瀧口修造訳	2800
美を生きるための26章 芸術思想史の試み	木下長宏	5000

（価格は税別です）

みすず書房

書名	著者・訳者	価格
パウル・クレー 遺稿、未発表書簡、写真の資料による画家の生涯と作品	フェリックス・クレー 矢内原伊作・土肥美夫訳	5800
『ヴィーナスの誕生』視覚文化への招待 理想の教室	岡田温司	1300
僕の描き文字	平野甲賀	2800
建築を考える	P.ツムトア 鈴木仁子訳	3200
空気感（アトモスフェア）	P.ツムトア 鈴木仁子訳	3400
動いている庭	G.クレマン 山内朋樹訳	4800
写真講義	L.ギッリ 萱野有美訳	5500
祈りとともにある形 インドの刺繡・染と民画	柳宗玄	5400

（価格は税別です）

みすず書房